KAGAWA

47 都道府県ご当地文化百科

香川県

丸善出版 編

丸善出版

刊行によせて

　「47都道府県百科」シリーズは、2009年から刊行が開始された小百科シリーズである。さまざまな事象、名産、物産、地理の観点から、47都道府県それぞれの地域性をあぶりだし、比較しながら解説することを趣旨とし、2024年現在、既に40冊近くを数える。

　本シリーズは主に中学・高校の学校図書館や、各自治体の公共図書館、大学図書館を中心に、郷土資料として愛蔵いただいているようである。本シリーズがそもそもそのように、各地域間を比較できるレファレンスとして計画された、という点からは望ましいと思われるが、長年にわたり、それぞれの都道府県ごとにまとめたものもあれば、自分の住んでいる都道府県について、自宅の本棚におきやすいのに、という要望が編集部に多く寄せられたそうである。

　そこで、シリーズ開始から15年を数える2024年、その要望に応え、これまでに刊行した書籍の中から30タイトルを選び、47都道府県ごとに再構成し、手に取りやすい体裁で上梓しよう、というのが本シリーズの趣旨だそうである。

　各都道府県ごとにまとめられた本シリーズの目次は、まずそれぞれの都道府県の概要（知っておきたい基礎知識）を解説したうえで、次のように構成される（カギカッコ内は元となった既刊のタイトル）。

Ⅰ　歴史の文化編
　「遺跡」「国宝 / 重要文化財」「城郭」「戦国大名」「名門 / 名家」
　「博物館」「名字」
Ⅱ　食の文化編
　「米 / 雑穀」「こなもの」「くだもの」「魚食」「肉食」「地鶏」「汁

　土地の過去から始まって、その土地と人によって生み出される食文化に進み、その食を生み出す人の営みに焦点を当て、さらに人の営みの舞台となる風景へと向かっていく、という体系を目論んだ構成になっているようである。

　この目次構成は、一つの都道府県の特色理解と、郷土への関心につながる展開になっていることがうかがえる。また、手に取りやすくなった本書は、それぞれの都道府県に旅するにあたって、ガイドブックと共に手元にあって、気になった風景や寺社、歴史に食べ物といったその背景を探るのにも役立つことだろう。

＊　　　　＊　　　　＊

　さて、そもそも47都道府県、とは何なのだろうか。47都道府県の地域性の比較を行うという本シリーズを再構成し、47都道府県ごとに紹介する以上、この「刊行によせて」でそのことを少し触れておく必要があるだろう。

　日本の古くからの地域区分といえば、「五畿七道と六十余州」と呼ばれる、京都を中心に道沿いに区分された8つの地域と、66の「国」ならびに2島に分かつ区分が長年にわたり用いられてきた。律令制の時代に始まる地域区分は、平安時代の国司制度はもちろんのこと、武家政権時代の国ごとの守護制度などにおいて（一部の広すぎる国、例えば陸奥などの例外はあるとはいえ）長らく政治的な区分でもあった。江戸時代以降、政治的区分としては「三百諸侯」とも称される大名家の領地区分が実効的なものとなるが、それでもなお、令制国一国を領すると見なされた大名を「国持」と称するなど、この区分は日本列島の人々の念頭に残り続けた。

　それが大きく変化するのは、明治維新からである。まず地方区分

は旧来のものにさらに「北海道」が加わり、平安時代以来の陸奥・出羽の広大な範囲が複数の「国」に分割される。政治上では、まずは京・大阪・東京の大都市である「府」、中央政府の管理下にある「県」、各大名家に統治権を返上させたものの当面存続する「藩」に分割された区分は、大名家所領を反映して飛び地が多く、中央集権のもとで中央政府の政策を地方に反映させることを目指した当時としては、極めて使いづらいものになっていた。そこで、まずはこれら藩が少し整理のうえ「県」に移行する。これがいわゆる「廃藩置県」である。これらの統合が順次進められ、時にあまりに統合しすぎて逆に非効率だと慌てつつ、1889年、ようやく1道3府43県という、現在の47の区分が確定。さらに第2次世界大戦中の1943年に東京府が「東京都」になり、これでようやく1都1道2府43県、すなわち「47都道府県」と言える状態になったのである。これが現在からおよそ80年前のことである。また、この間に地方もまとめ直され、京都を中心とみるのではなく複数のブロックで扱うことが多くなった。本シリーズで使っている区分で言えば、北海道・東北・関東・北陸・甲信・東海・近畿・中国・四国・九州及び沖縄の10地方区分だが、これは今も分け方が複数存在している。

　だいたいどのような地域区分にも言えることではあるのだが、地域区分は人が引いたものである以上、どこかで恣意的なものにはなる。一応1500年以上はある日本史において、この47都道府県という区分が定着したのはわずか80年前のことに過ぎない。かといって完全に人工的なものかと言われれば、現代の47都道府県の区分の多くが旧六十余州の境目とも微妙に合致して今も旧国名が使われることがあるという点でも、境目に自然地理的な山や川が良く用いられているという点でも、何より我々が出身地としてうっかり「○○県出身」と言ってしまう点を考えても（一部例外はあるともいうが）、それもまた否である。ひとたび生み出された地域区分は、使い続けていればそれなりの実態を持つようになるし、ましてや私たちの生活からそう簡単に逃れることはできないのである。

＊　　　　＊　　　　＊

　各都道府県ごとにまとめ直す、ということは、本シリーズにおい

ては「あえて」という枕詞がつくだろう。47都道府県を横断的に見てきたこれまでの既刊シリーズをいったん分解し、各都道府県ごとにまとめることで、私たちが「郷土性」と認識しているものがどのようにして構築されたのか、どのように認識しているのかを、複数のジャンルを横断することで見えてくるものがきっとあるであろう。もちろん、47都道府県すべての巻を購入して、とある県のあるジャンルと、別の県のあるジャンルを比較し、その類似性や違いを考えていくことも悪くない。あるいは、各巻ごとに精読し、県の中での違いを考えてみることも考えられるだろう。

　ともかくも、地域性を考察するということは、地域を再発見することでもある。我々が普段当たり前だと思っている地域性や郷土というものからいったん身を引きはがし、一歩引いて観察し、また戻ってくることでもある。有名な小説風に言えば、「行きて帰りし」である。

　本シリーズがそのような地域性を再発見する旅の一助となることを願いたい。

2024年5月吉日　　　　　　　　　　　　　執筆者を代表して

　　　　　　　　　　　　　　　　　　　　森 岡　　浩

目　　次

知っておきたい基礎知識　1

基本データ（面積・人口・県庁所在地・主要都市・県の植物・県の動物・該当する旧制国・大名・農産品の名産・水産品の名産・製造品出荷額）／県章／ランキング1位／地勢／主要都市／主要な国宝／県の木秘話／主な有名観光地／文化／食べ物／歴史

I　歴史の文化編　11

II　食の文化編　47

III　営みの文化編　103

Ⅳ　風景の文化編　143

【注】本書は既刊シリーズを再構成して都道府県ごとにまとめたものであるため、記述内
容はそれぞれの巻が刊行された年時点での情報となります

香川県

- 面積：1861 km²
- 人口：92万人（2024年速報値）
- 県庁所在地：高松市
- 主要都市：丸亀、坂出、善通寺、三豊、観音寺、さぬき
- 県の植物：オリーブ（木・花）
- 県の動物：ホトトギス（鳥）、シカ（獣）、ハマチ（魚）
- 該当する令制国：南海道讃岐国（ただし小豆島など一部諸島部は江戸時代まで山陽道備前国）
- 該当する大名：髙松藩（松平氏）、丸亀藩（山崎氏、京極氏）
- 農産品の名産：オリーブ、金時ニンジン、マーガレット、アスパラガス、小麦など
- 水産品の名産：ハマチ、イリコなど
- 製造品出荷額：2兆5289億円（2020年経済センサス）

●県　章

「カガワ」の「カ」の字を、山に見立てて緑色で図案化したもの。

●ランキング1位

・最大のため池　南部の満濃池は、灌漑用のため池としてならば全国で最大の広さを持つ。奈良時代に作られ、香川出身とされる高僧空海が修築に関わったともされるこの池は、その後何回かの修築や決壊を経ており、現在の姿になったのは江戸時代初頭の事である。香川県内には1万以上のため池があり、この数自体は兵庫県、広島県に次ぐ全国3位だが、両県ともに香川県より広いことを考えれば、密度でいえば両県を上回っているだろう。香川県の平地は比較的水捌けがいい扇状地由来のものが多いうえに、そもそもの降水量が瀬戸内海沿岸に共通する気候の特徴で少ない。水の確保は香川県の歴史上、常に課題であった。

● 地　勢

　四国地方のうち北東部、讃岐山脈の北に広がる平野と、その沖合に浮かぶ小豆島などをはじめとした瀬戸内海の島々から成り立っている。その県域面積は47都道府県の中で最も小さい。なお、かつては大阪府の方が小さかったが、埋め立てにより逆転している。

　県域のうち四国本土にある大半は、象頭山（いわゆる琴平山）や荘内半島などの南北方向に延びる低山・小山脈がいくつかあるとはいえ、基本的には一つの大きな平野であるとみなすことができ、これを香川平野と呼ぶ。このうち、中央部の香東川の河口の少し東に最大都市である高松が、中央西部の土器川下流の西に丸亀の町がある。沿岸部は比較的出入りもあり、東部の長尾あたりでは低山が海に没している。南の讃岐山脈は最高峰の竜王山でも標高1000m強である。

　瀬戸内海を挟んで対岸は岡山県の児島半島だが、その間を瀬戸大橋がつなぐまでは、有名だった宇野〜高松航路（宇高連絡船）をはじめとして海運が本州との連絡を担っていた。この島々には、海岸線が入り組んだ小豆島をはじめとして、オリーブで有名な豊島や直島、「鬼ヶ島」ともいわれる女木島、海運の拠点であった塩飽諸島などが浮かんでいる。これらの島々の中には、屋島のように頂上部が平らなものもいくつかある。

● 主要都市

・高松市　高松城の建設に伴って開発された城下町に直接の由来を持つ県

庁所在地。ただし、最近の発掘調査で、高松城のあたりにはそれ以前から無量寿院（むりょうじゅいん）という寺の門前町にして港町として栄えていた町（野原（のはら））があったことが判明した。近代の宇高連絡船などをはじめとして本州から四国へ向かう上での玄関口として栄え、現代においても四国を管轄する企業の支店などが多数置かれている。

・**丸亀市**　西部地域、石垣の多い名城として知られる丸亀城の城下町として整備された都市に由来する。近世は近隣の宇多津（うたづ）・多度津（たどつ）などの港町から上陸して琴平へと参拝する参詣客のルート上にあって栄えた。うちわが名産として知られる。

・**坂出市**（さかいでし）　丸亀のやや東にある小都市。早くから讃岐国府が近隣に置かれるなど開けてはいたが、近世は政治経済の中心地が高松と丸亀にあったため、主には塩田として知られていた。しかし、この塩田跡地が戦後は工業用地となったうえに、ちょうど瀬戸大橋の付け根となったことから交通の便にも恵まれ、現代では県内屈指の工業都市となっている。また、市域には平安時代の末期にこの地へと流罪にされた崇徳上皇の足跡が多数残されている。

・**善通寺市**（ぜんつうじし）　丸亀市のやや南東にある小都市。弘法大師空海（こうぼうだいししくうかい）の生誕地といういわれがあり、市名の由来となった善通寺も平安時代の初期に弘法大師の父によって創建されたと伝えられている。現代では自衛隊駐屯地の存在でも知られている。

・**三豊市**（みとよし）　県の西部、財田川流域に広がっていた三豊郡の町村が平成の大合併でできて誕生した都市。市役所は内陸の高瀬地区にあるが、沿岸部の仁尾（にお）地区は江戸時代に西部地域有数の港町として栄えた歴史を持つ。また、近年では父母（ちちぶ）が浜の夕暮れが絶景と有名になっている。

・**観音寺市**　県の最西端、奈良時代にさかのぼる古刹である観音寺を由来とする都市。

●**主要な国宝**

・**藤原佐理筆詩懐紙**（ふじわらのすけまさひつしかいし）　高松にある香川県立ミュージアムに所蔵。平安時代の能書家として知られる藤原佐理が、969年に行われた詩歌の会で自作の漢詩を書き付けたもの。このような懐紙に詩を書く事例としては最も古いものとされ、後に「和様」（日本風）と呼ばれるようになる筆致が現れ始めているとされる。高松に伝来したいわれとしては、水戸徳川家の家宝と

なっていたものが、「水戸黄門（み と こうもん）」こと徳川光圀（とくがわみつくに）の兄であった松平頼重（まつだいらよりしげ）が高松藩主になった際に、事情により兄を差し置いて水戸藩主となったことを気にしていた光圀によって譲られたものだとされている。

・金銅錫杖頭（こんどうしゃくじょうとう）　善通寺市の善通寺に保管されてきた、仏具の一つである錫杖の頭につける金銅製の飾り。阿弥陀三尊像（あ み だ さんそんぞう）を中心としていくつかの仏が小さい中に配置されており、装飾性が高く評価されている。弘法大師空海の誕生の地であり、その父が発願者となって建立されたという伝承がある善通寺において、この国宝には空海が唐の国から持ち帰ったものだといういわれが長らく伝えられている。

・神谷神社本殿（かんだにじんじゃほんでん）　坂出市内に平安時代から記録がのこる古社である。建物自体は神社によくみられる流造（ながれづくり）（屋根がひさしのように前方へと曲線形に長く伸びた作り）で、その中でも三間社流造りといわれる前面に３本の柱がある作りなのだが、鎌倉時代の古式をよく残していることで知られている。なお、本神社も何回か焼失の危機に会っており、直近では2022年に落雷により屋根の過半が焼失した。幸い、本殿そのものは無事だったものの、文化財が後世に残るということは奇跡的であると改めて実感させられる事例である。

●県の木秘話

・オリーブ　主に地中海地域を原産とする常緑広葉樹で、白い小さな房状の花を咲かせ、卵型の油分に富む実をつける。瀬戸内海地域は（地中海に比べれば全体的な雨量は多いが）夏が乾燥気味で全体的に温暖という気候を地中海と共有しており、多島海という点も相まってレモンをはじめとした柑橘類（かんきつるい）など、地中海にある植物も移入されてきた。オリーブは1908年に移入栽培の試験が行われた土地の中で、唯一小豆島には定着したことで一帯に広まったという経緯を持っており、また現代においては、県内豊島で発生した国内最大規模の不法投棄事件からの復興のため、オリーブの植樹や環境再生、公害対策に取り組む「瀬戸内オリーブ基金」の発足も特筆すべきだろう。

●主な有名観光地

・栗林公園（りつりんこうえん）と玉藻公園（たま も こうえん）　高松市は香東川の流路整備と、屋島との間に広がっていた入江の開発によってできた町だが、そのことがこれらの庭園を

作り上げるきっかけになった。玉藻公園はかつての高松城であり、海水を引き込んだ海城として知られている。現代では北側に埋め立てが進み、往時の雰囲気は薄れたものの、堀は健在である。一方の栗林公園は旧市街地のおおよそ南端、香東川の流路整備によって洪水の被害が減りかつ多数の伏流水による水源を擁するようになったところにできた広大な庭園である。歴代高松藩主によって整備が進められてきた。

・**金刀比羅宮**　仲多度郡の琴平町にそびえる象頭山の中ほどにある古い神社。古くから信仰されていたようだが、その信仰が特に隆盛になるのは江戸時代の初頭以降で、さらに高松藩による保護や諸堂の修築を受けて現在みるような長い石段とそれに沿う多数の堂舎、また門前町が形成された。この復興に尽力した僧をきっかけとする天狗伝説も存在する。また、よく知られる民謡に、船での金比羅詣でをうたった「金毘羅船々」がある。

・**丸亀城**　西部の中心地である丸亀の中心にある城は、現存天守の一つとしても知られているが、標高60mほどの小山に全山見事な石垣が積まれていることでも知られている。

・**寒霞渓**　小豆島の内陸部にある、奇岩や紅葉が織りなす絶景。小豆島は良質な岩も多く、江戸時代には多くの石切り場があった。

・**瀬戸大橋**　岡山県の児島半島にある下津井の近くから、櫃石島、与島などいくつかの島を経て坂出へと向かう、国内最大級の自動車と鉄道の併用橋群。多数の吊り橋がかかる姿が特徴。かつて岡山と香川の間を走っていた宇高連絡船は、1955年に児童生徒を多数乗せていた船が濃霧の中で衝突し多数の死者を出す、という凄惨な紫雲丸事故を起こした。それ以来安全対策が厳格化していたとはいえ、架橋もしくはトンネルの建設は早くから両岸の県に要望されており、1988年に瀬戸大橋全線が開通した。

●文　化

・**弘法大師空海伝説**　西部の仲多度郡あたりに生まれたという空海は、全国各地で水を湧き出させ、妖怪を退治するなど多数の伝説を残していることで有名だが、当然生誕地の香川でも例外ではない。よく知られているのは、満濃池の堤を中国で学んだ技術などを使って短期間で修築したことや、小麦を使ったうどんの作り方（当時は団子をつぶしたような形状だったとされる）を伝えたことなどである。また県内にあるお遍路の札所となっている寺々にも、空海が預言を受けたり、仏道修行の決意をしたり、修行を

したりといった伝説のある寺が多数ある。なお、四国全土の88の寺々を巡る「お遍路」は巡礼と強い信仰で知られ、この形式は室町時代〜江戸時代に確立したらしい。

・灌漑用水　ため池が多数ある通り、香川の水不足は非常に深刻である。初夏などでは、ため池の水を田畑へと供給する「ゆるぬき」が風物詩となっているほどである。いまでも渇水となれば取水制限がされるこの一帯の治水を大きく変えたのが、1974年に吉野川（徳島県）の水を分水して開通した香川用水である。これで深刻な水不足は大幅に減ったのだが、今度はその香川用水が渇水に陥る事態が発生。今もなお、水は香川県の深刻な問題であり続けている。

●食べ物

・讃岐うどん　水不足のうえ干ばつにも度々なりがちな讃岐では、江戸時代以降の二毛作の導入の中で、小麦の栽培が盛んになっていた。この結果、すでに江戸時代には金毘羅参りの参詣客を目当てにしたうどん店があったことが確認されている。やがて、醤油の普及（小豆島で生産が盛ん）や、瀬戸内の塩田による塩、さらには県内で盛んになっていたイリコ（煮干し）の生産などが重なり、現在みるような「コシの強い讃岐うどん」というイメージが出来上がっていった。

・和三盆　国産の砂糖として、特に和菓子の生産においてよく使われることで知られている和三盆の生産は、江戸時代中期に始まっている。その後、輸入砂糖に大きくおされて生産が縮小したものの、東かがわ市の引田の周辺、また山向こうの徳島県北部を中心にサトウキビ栽培と製糖がすすめられている。なお、「三盆」とは砂糖の精製過程に由来する語である。

●歴　史

●古　代

　瀬戸内海が児島と四国の間でちょうどくびれるあたりにある香川県には早くから人が住んでいたらしい。紫雲出山で発見された弥生時代の遺跡は珍しい「高地性集落」と呼ばれるもので、場所を考えると水利は得にくいために瀬戸内海を見張ることが目的の遺跡だったのではないかと考えられているが、詳しいことはわかっていない。しかし、どちらにせよ本州と四

国が近接するここが瀬戸内海航路上の重要地点であったことは確かで、坂出近くの城山には飛鳥時代における白村江の戦いでの敗北の後、近畿地方の朝廷が唐や新羅の侵攻を警戒して設置したとみられる古代山城の遺構が、また高松市東側の屋島頂上にも同様の山城の遺構が発見されている。

　古墳時代から奈良時代にかけて、讃岐平野では川の流路の改変や堤の築造、讃岐平野全域での条里制の施行が行われた形跡があり、県域を特徴づけるため池もこの時期にまず整備がなされたものと推定されている。その代表例が満濃池で、空海が修築する100年前にはすでに建造されていたと推定されている。この時の開発によって残る土地はこの時期の技術では水利上の開発が難しいものとなったため、讃岐の耕地のさらなる拡大は江戸時代まで待つことになる。空海もまた、この開発によって勢力を持ったであろう西部地域の豪族に生まれたという。このこともあって、善通寺や金刀比羅宮をはじめとした古社古寺も早くから生まれている。この時代にはすでに、国府のある坂出に近い港町として宇多津（当時は「鵜足の津」と呼ばれていた模様）が讃岐から京へと向かう途中の港町として知られていた。

　目を海に移すと、航路上をふさぐように浮かぶ小豆島もすでに『古事記』に登場するほど古くから知られていた島であり、牛の牧場があった記録もある。ただし、この時点では児島とのかかわりが強く、つまり児島もろとも備前国の一部であった。

●中　世

　海上交通上の重要地点、という要素は中世初頭の大乱である治承・寿永の乱（源平合戦）でも讃岐を注目の的とする。摂津一の谷を追われた平家は海上を讃岐へと逃れ、屋島に改めて陣を敷いたのである。屋島は先述した古代山城の所在地であることに加え、当時はより海が内陸に入り込んでいた結果、ちょうど屋島のあたりに港に適した地形があったと推定されており、瀬戸内海航路を重視した平家にとってはうってつけの地形であった（1185年、屋島の戦い）。しかし、平家はほろび、讃岐はその後在地の領主と、承久の乱後に新たに任じられた領主とが入り混じる状態となり、長らく県域自体を基盤とする大勢力は育たなかった。

　四国全体の信仰や文化に大きな影響を与えた空海の足跡めぐりはこの中世から記録が残るようになる。やがてこの巡礼が近世に入るに従い現在の

八十八か所巡礼（お遍路）として定着していく。鎌倉時代から室町時代にかけては継続して宇多津の港が栄え、また『兵庫北関入船納帳』の記録から、現在の高松市にあたる野原や潟元（屋島）にも港があったことがわかっている。守護職は三管領（室町幕府において将軍補佐職を務められる三名家）の一角である細川氏、しかもそのうちの本家にあたる京兆家が代々にわたり保有していた。この結果として、細川氏の勢力が衰え始める16世紀前半まで在地の領主の有力者であった香川氏などの勢力拡大が抑えられ、さらに細川氏衰退後も、三好氏や毛利氏、長曾我部氏や織田氏など周辺主要勢力の間で讃岐の支配権をめぐり駆け引きが繰り広げられることになる。最終的に豊臣秀吉による四国攻めによって讃岐は豊臣家の勢力下にはいり、仙石氏、そして生駒氏が入って江戸時代を迎えることになる。この生駒家の治世に、高松の城と城下町が、野原の港町と近隣の入江を利用して築造されることになった。

● 近　世

　外様大名とはいえ比較的安定するかに思われた生駒家の治世は、1640年にお家騒動が発生したことにより急転して改易となり、空いた領地には、東部に水戸徳川家の一門に連なる松平氏が、西部に京極氏が入ることになった。また、それまでの間（生駒氏治世後半）に讃岐では、現代でも顕彰碑ののこる水利技術者の西嶋八兵衛を得て全土においてため池の新造や修築、暴れ川として名高かった香東川の流路の整理と治水などが行われ、国内の耕地は急激に増加していた。

　加えて戦国時代の末期から信仰の範囲が広がりつつあった金刀比羅宮への信仰は、江戸時代になると瀬戸内海の海上安全（塩飽諸島が廻船の拠点の一つ）と絡んで西国一帯で幅広く信仰されるようになり、本州の下津井（岡山県）から船に乗り換えて、また大坂から船に乗って多数の参拝客が高松や宇多津へと上陸し、琴平まで参拝に詰めかけた。丸亀や高松の町々はこれによってさらに繁栄している。さらには乾いた気候や水捌けのよい土地に適した特産品開発も続けられ、各地の乾燥地で栽培されていた綿はもちろん、江戸時代後期にはお遍路さんで奄美から訪れていた巡礼者をきっかけにサトウキビ栽培が始まり、日本列島本土地域では初の製糖となる「和三盆」の製造がおこなわれた。また、塩の生産も盛んにおこなわれ、坂出の塩田はこの時代に開発されている。

このように比較的高松の財政はましな方ではあったが、そもそも塩田開発が財政難対策の一環だったように、やはり財政には悩んでいた。また、干ばつや台風もたびたび発生しており、丸亀領内では台風による不作をきっかけに1750年ごろ、全域を巻き込む大規模な一揆（いっき）が発生している。とはいえ丸亀も先述の金毘羅参りの旅人が落とす利益があり、また船の便を図るための湊の修築などができるくらいには、財政難の中でも運営されていた。

●近　代

　水戸徳川家の一門である高松松平家は、幕政にも関わることが多い藩であり、そのため戊辰（ぼしん）戦争の緒戦である鳥羽伏見（とばふしみ）の戦いでも幕府側についたため、一時は新政府により近隣の丸亀藩などに高松への討伐命令が出された。この戦いは土壇場での高松藩の方針転換と開城で何とか回避されるものの、あおりで藩内はしばらくの間家臣統制の乱れや一揆で落ち着かない状態が続いた。

　その後、高松と丸亀双方の旧藩を基にした県が他県と同様に設置され、1871年に旧讃岐国を基にした香川県が成立するが、1873年に徳島県と合わせ名東県（みょうどうけん）となってしまう。他県と同様に、この時の合併は1875年には解除され再度香川県が設置されるが、今度は1876年に愛媛県に合併されてしまう。中央政府が狭い四国（四国という呼び名は近世以降と推定）に4県は多いのではと考えていたふしもあるが、これまた反感をまねき、最終的に1888年に香川県が再度設置される。これをもって、まだわずかな修正は残るとはいえ、現代につながる47の地域区分はほぼ確定した。

　これ以降の香川県は、四国の玄関口として発展する。県内には金刀比羅宮や丸亀城をはじめとした多数の観光地をかかえ、また食物においてもうどんは今や香川県の代名詞とされるほどに定着している。また工業においても坂出の番の州臨海工業団地を中心とした北部の集積がある。近年では瀬戸内諸島とその周辺においても、瀬戸内国際芸術祭（瀬戸内海の島々を舞台に3年に一度開催される現代アートの祭典）をはじめとして多数の観光客を集めている。

　特に瀬戸大橋の開通は、香川県への来訪を大きく容易にした。これにより、もともと宇高連絡船などでつながりがあった高松と岡山の関係は深まり、高松を四国最大の都市圏に押しあげる原動力となった。その一方、明

石海峡ルートの関連による近畿方面への流動もあるなど、香川県と外部との関係は変化しつづけている。

【参考文献】
・木原溥幸ほか『香川県の歴史』山川出版社、2011

I

歴史の文化編

遺　跡

石清尾山古墳群猫塚（内行花文鏡）

地域の特色　　香川県は四国北東部に位置する県。北は備讃瀬戸を挟んで岡山県、広島県に面し、南は阿讃山地を境として徳島県、愛媛県と接している。南部の阿讃山地を除いて平地がちであり、大河川に乏しく、降雨量も極端に少ない。そのため溜池が発達しており、空海が整備したとされる満濃池は著名である。

遺跡の様相としては、瀬戸内海の島嶼部である塩飽諸島に、厖大な旧石器を伴う遺跡が確認されている。縄文時代の遺跡はあまり認められず、弥生時代以降の遺跡が、中小河川の微高地、平野部などに認められるほか、高地性集落も比較的数多く確認されている。古墳時代以降では、高松平野に隣接する丘陵部に位置する、特筆すべき積石塚群である石清尾山古墳群をはじめとして、東は津田湾岸、坂出の城山山塊、丸亀平野部などにまとまりが見られる。遺跡数は約4,800カ所で、四国で最も多い。

古代においては讃岐国であり、『日本書紀』667（天智天皇6）年11月条で、唐・新羅の侵攻に備えて、「讃吉国山田郡」に屋島城を築いたとする記事がある。古代条里制の遺構は坂出市の綾川流域や丸亀平野などに認められる。鎌倉幕府成立以後、守護職には後藤基清、近藤七国平、三浦光村が任ぜられ、宝治合戦の後は北条氏が支配した。室町時代以降は細川氏が支配し、応仁の乱以降、細川氏は衰退し、三好氏が台頭する。天正年間（1573〜92）には土佐長宗我部氏の侵攻を受け、支配下に帰した。しかし、1585（天正13）年には羽柴秀吉により四国征伐がなされ、仙石氏、尾藤氏、生駒氏が支配した後、1640（寛永17）年のいわゆる「生駒騒動」による転封まで、生駒氏が支配した。生駒氏改易後、1642（寛永19）年には松平頼重が東讃12万石に封ぜられ、高松藩が成立し、幕末に及ぶこととなった。一方、西讃には1641（寛永18）年、山崎家治が入封、その後嗣子なく断絶し、京極高和が入封して、以後京極氏が支配した。1694（元禄7）年に1万石を分封し、多度津藩が成立している。なお、塩飽諸島など島嶼

　凡例　史：国特別史跡・国史跡に指定されている遺跡

部は天領に組み込まれた。

　1871年の廃藩置県によって、各藩はそれぞれ高松県、丸亀県として成立。1873年2月には香川県は廃されて、讃岐一円は名東県（阿波国・淡路国）に併合され、県庁は徳島に置かれるなどしたが、1875年、旧讃岐国は名東県から分離し、再び香川県となるなど、幾度かの併合・分離の後、1888年、香川県が成立した。

主な遺跡

国分台遺跡（こくぶだい）
＊高松市：五色台丘陵の標高約400mに立地
時代 旧石器時代

　1959年に岡山大学の近藤義郎（こんどうよしろう）を中心として調査が行われた。国分台と呼ばれる丘陵に、多数の石器が散布しており、表面採集された石器は膨大である。内容としては、大型両面加工石器、尖頭器、ナイフ形石器など多様な形式が認められているほか、未製品など工房的性格を示唆する遺物も認められている。残念ながら、層位的な研究は進んでいない。立地する丘陵がサヌカイトの原産地ということもあり、今後の調査研究が期待される。

　なお、瀬戸内海に位置する井島遺跡（いじま）（香川郡直島町）も旧石器の包蔵地であり、1954〜55年にかけて発掘調査が行われ、2層の遺物包含層のうち、第1層とされる表土層からは土器片や石鏃のほか、スモールブレード（幅広石刃）などが出土し、第2層からは小型横長刃器と大型横長刃器が多く出土した。また、大浦遺跡（おおうら）（坂出市）は櫃石島（ひついしじま）に位置し、1980年に発掘調査が行われ、1万点以上の石器を検出している。ナイフ形石器が大半であり、細石器や石核、尖頭器（せんとう）なども認められた。羽佐島遺跡（わさじま）（坂出市）は無人島である羽佐島に位置し、瀬戸大橋の架橋に伴い調査が行われ、25万点を超える石器が検出されている。ナイフ形石器、尖頭器、翼状剥片（よくじょうはくへん）、横長や縦長の剥片、細石器とその石核など多様である。他方、押型文土器（おしがたもんどき）や石鏃、石匙（いしさじ）など縄文時代の遺物も認められ、旧石器時代の終末期から縄文時代への移行が瀬戸内海沿岸地域において、どのようなかたちで行われていったのか検討するうえで、重要な遺跡といえる。

南草木貝塚（みなみくさき）
＊高松市：江尻川左岸の河口近くの微高地、標高10m前後に立地　**時代** 縄文時代前期〜弥生時代後期

　1938年に樋口清之（ひぐちきよゆき）によって紹介されて以来、学界でも知られ、1975年には実態把握の調査が行われている。縄文時代前期を中心として、中期から後期に至る土器を確認している。また、調査では弥生時代後期の竪穴住居

跡も検出され、製塩土器も認められるなど長期にわたる生活空間であったことがうかがわれる。その対岸、1.5km にある小蔦島の小蔦島貝塚（仁尾町）は、造成工事などで現在は消滅しているが、縄文時代早期の貝塚であり、ハマグリ、アサリなどを主体とし、無文土器、押型文土器などが検出されている。瀬戸内海沿岸の縄文時代を明らかにしていくうえで重要な遺跡である。

大浦浜遺跡（おおうらはま）

*坂出市：櫃石島東南部に形成された砂丘、標高約1m に立地　時代 縄文時代前期～古墳時代後期

縄文時代前期から後期までの土器が出土しているほか、弥生時代前期の木葉文土器、製塩土器、ミニチュア土器や船形土製品といった祭祀に関わると推定される遺物などが出土している。古墳時代後期の製塩遺構も検出されており、祭祀や漁労、製塩といった活動の拠点であった可能性も示唆される。瀬戸大橋の架橋工事により残念ながら消滅している。

ちなみに、製塩遺跡としては、古代の土器製塩遺跡として、喜兵衛島製塩遺跡（直島町）も著名であり、製塩土器のほか炉や作業場などの製塩遺構が認められている。この遺跡のある直島の丘陵上の古墳からは、製塩土器が出土しており、そうした製塩に関わる集団の存在が指摘されている。

中の池遺跡（なかのいけ）

*丸亀市：丸亀平野、金倉川東岸の標高約13m に立地　時代 弥生時代前期

1976年より現在まで断続的に調査が行われている。弥生時代前期と推定される幅3m、深さ1m 前後の V 字形になる大溝が3条検出されるなど、環濠を有する集落として注目された。近年ではさらに2条の溝が確認され、多重の環濠を有する可能性も指摘されている。墓坑や、県内では最古級となる水田跡も検出されている。遺物では、壺形土器、石包丁や石鏃などの石器、銅剣、獣骨類、栽培植物であるウリ類の種子も認められている。

紫雲出山遺跡（しうでやま）

*三豊市：燧灘に面する御崎半島の先端、紫雲出山（標高352m）に立地　時代 弥生時代中期　史

1947年に造園植樹中に土器が出土し、1955～57年にかけて京都大学の小林行雄を中心として調査が実施された。小規模な貝塚が認められ、多数の土器や石器、鉄製品、骨角器などが検出された。石器の素材は主にサヌカイトであり、特に打製石包丁のほか、多数の石鏃が検出された。なかでも凸基式とされる石鏃が武具である可能性が指摘されて、防御的な性格を帯びた遺跡として評価された。県下では弥生時代中期の高地性遺跡として初めて調査されたものであり、県史跡に指定されている。また1988 年、

資料館建設に伴う調査で竪穴住居跡と高床式倉庫の遺構が検出されたほか、近年、大型の掘立柱建物跡も発見され、注目を集めている。

森広遺跡 （もりひろ）

*さぬき市：梅檀川右岸、標高約40mを中心に立地
時代 弥生時代後期

かつて平形銅剣が3本出土し、その後1911年に畑地より巴形銅器が8点出土したことで注目された。1978年、79年の調査で大型の竪穴住居跡をはじめとして、掘立柱建物跡のほか、建物群を区画するような溝も検出された。多数の土器や銅鐸片も発掘されており、近隣には同時期の集落遺跡が存在することから、当時の拠点的集落であった可能性も示唆される。また、約3km北東に位置する雨滝山遺跡群からは、弥生時代後期の多数の墳墓が認められており、その関係が注目されるも、ゴルフ場工事などにより多くは消滅した。なお、巴形銅器のうち3点については、九州大学筑紫地区遺跡群（福岡県春日市・大野城市）より出土した鋳型と一致し、関心を集めている。

石清尾山古墳群 （いわせおやま）

*高松市：石清尾山の南東部、標高150〜200mを中心に立地 時代 古墳時代前期 史

1931年の京都大学による調査を嚆矢として、戦後1970年以降、断続的に分布調査や緊急調査などが実施されている。栗林公園の裏手、石清尾山から紫雲山にかけて点在する積石塚、盛土墳群であり、現存するもので80基以上を有する。主要な古墳は摺鉢谷の周囲を取り囲む尾根上を中心に築造されている。とりわけ猫塚（墳丘長96m）、鏡塚（墳丘長70m）などの双方中円墳、石船塚（墳丘長57m）・姫塚（墳丘長43m）・北大塚（墳丘長40m）などの前方後円墳が著名である。

内部構造については不明なものも多いが、猫塚は1910年に鉱山試掘を偽った盗掘により、内行花文鏡2、獣帯鏡、四獣鏡、三角縁神獣鏡、小銅剣20前後、石釧1、筒形銅器3、銅鏃9、鉄斧1、鉄剣4、鉄刀1、鉄ノミ1、鉄鉇1、鉄鏃4、土師器2などが認められ、現在、東京国立博物館に所蔵されている。石船塚古墳は刳抜式石棺が露呈しているほか、前方部に竪穴式石室が認められた。羽床盆地の十瓶山の西麓の鷲ノ山には採石場があり、この石船山古墳も含めて、善通寺市から高松市に分布する古墳の石棺は、この鷲ノ山産の石材でつくられたと考えられる。『播磨国風土記』には讃岐羽若の石を求めた記載があり、羽床盆地付近の石材が瀬戸内海沿岸で利用され、それに伴う石工集団が存在した可能性も指摘されている。

また、鶴尾神社4号墳は全長41.5m、後円部径20.2mの前方後円墳であ

るが、後円部の竪穴式石室より獣帯方格規矩四神鏡の破片が出土した。この鏡は、昭和初期に石清尾山古墳出土の伝世鏡とされたものの欠失部であると判明し、伝世鏡が当古墳出土の遺物であることが明らかとなった。共伴した土器に鋸歯文などが施され、弥生時代終末期から古墳時代の初期に相当する遺物であることから、古墳群でも最高級のものとして評価されている。猫塚でも副葬品として、三神三獣鏡、四獣鏡、獣帯鏡のほか、内行花文鏡2面、石釧、小銅剣身、銅鏃、鉄鏃、筒形銅器などが検出された。積石塚という特殊な墳丘の様相を呈し、一丘陵上にまとまって構築されていることなどから、瀬戸内海沿岸における古墳文化を研究するうえで、貴重な遺跡として注目されている。1986年に「石清尾山古墳群」として、国史跡に指定されている。

富田茶臼山古墳
＊さぬき市：丘陵尾根の北端部、標高約55mに立地
時代 古墳時代中期前半　　　　　　　　　　　　　　史

　明治時代に後円部に相撲の土俵をつくる工事が行われ、竪穴式石室の板石が露出したことで発見された。墳丘長140mを呈し、四国最大の前方後円墳である。前方部幅約80m、高さ約10m、後円部径約88m、高さ約15mを測り、3段に築造される。現在まで主体部の本格的な調査は行われていないが、墳丘より円筒埴輪や家形埴輪が採集されており、葺石も認められる。現在後円部墳頂には妙見神社が鎮座し、北側と空堀は県道によって破壊されている。前方部には、陪塚と推定される方墳3基も認められる。古墳時代中期前半の築造と考えられる。1993年に国史跡に指定されている。

椀貸塚古墳
＊観音寺市：三豊平野の南縁、標高約30mに立地
時代 古墳時代後期　　　　　　　　　　　　　　　史

　直径約37mの円墳である。墳丘高は9mを呈し、周囲に二重周濠と盛土された周堤が配される。特筆されるのは、複室構造を呈する横穴式石室で、全長14.8m、玄室の長さ6.8m、幅3.6m、高さ3.9mと、県内最大級の規模をもつ。なお、羨道の先端部は後世に積み直された可能性が指摘されている。主体部の本格的な調査は行われていないが、須恵器や鉄釘、棺金具などの鉄製品が伝わり、市立大原野小学校に保管されている。古墳の名称は、石室の前で願うと接客用の椀を貸してくれるという伝説に由来する。同じような伝承は、久本古墳（高松市）や椀貸塚古墳（善通寺）などでも認められるという。本墳の南には、平塚古墳・角塚古墳（観音寺市）があり、やはり同様の巨石を用いた横穴式石室を有する。平塚古墳は円墳としては県下最大級であり、かつては周辺に200基近くの古墳が分布していた

とされることから、古墳時代当時の拠点的な位置を占めていた地域であった可能性をうかがわせる。ちなみに、これら3基は2015年に大原野古墳群として、国史跡に指定されている。

讃岐国分寺跡　＊高松市：標高約14mに立地　時代 奈良時代　史

　1983年より断続的に調査が行われている。東西88m、南北16mの基壇に桁行21間（約84m）、梁間3間（約12m）の規模をもつ僧坊跡のほか、鐘楼跡や回廊の基礎なども検出され、2町四方の寺域の存在が確認されている。現在も千手院国分寺が位置する場所であり、境内には金堂跡や塔跡の礎石が地表に露出している。国特別史跡。東方約2kmには、讃岐国分尼寺跡（高松市）があり、礎石が多数残存し、現在も法華寺が位置している。

　なお、讃岐国庁跡（坂出市）は国分寺跡から西方約2kmの付近と認識されてきたが、1977年以降の調査により、倉庫跡と思われる掘立柱建物跡や築地の基壇が検出され、国庁跡であることが確実視されている。古代讃岐の中心地がこの付近に存在していたことを示す遺跡群といえる。

国宝 / 重要文化財

錫杖頭

地域の特性

　四国地方の北東部に位置し、北側が瀬戸内海に面して、小豆島などの備讃諸島の島々を含む。南側には讃岐山脈が東西に走り、地形的に南から北へ、山地、平野、島嶼の大きく三つの部分に分けられる。讃岐山脈から発して北流する河川によって、広大な讃岐平野が形成された。県東部にある城下町高松は、宇高連絡船が就航していた時期に四国の表玄関として、ビルの林立する近代都市となった。県西部では、かつての塩田跡や埋め立てた海岸に工業地帯が広がって、近代工業化が進んでいる。1988年に瀬戸大橋が開通して四国の入口となり、四国を縦断する高速道路も整備されて、都市周辺で人口が増加した。

　畿内に近いことから讃岐平野では早くから開発が進み、古代には法隆寺、石清水八幡宮などの荘園があった。平安時代末期に屋島で源平の戦いが展開され、佐藤継信の戦死や那須与一の扇の的の話は、長く後世に語り伝えられた。室町時代には細川氏が勢力を伸ばしたが、後に安富氏、香川氏、香西氏が勢力争いをした。戦国時代には土佐の長宗我部元親が侵入したが、豊臣秀吉に敗れた。江戸時代には三つの中小藩と、小豆島など島嶼部に天領があった。明治維新の廃藩置県後に香川県が置かれたが、1873年に徳島県とともに名東県に合併された。1875年に再び香川県が設置されたが、翌年に愛媛県に統合された。1888年に愛媛県から現在の香川県が分離された。

国宝 / 重要文化財の特色

　美術工芸品の国宝は4件、重要文化財は88件である。金刀比羅宮は神仏習合の時代に金毘羅大権現を祀り、海上の安全を願って古くから全国的に信仰を集めていた。多数の宝物を収蔵し、重要文化財も多く含まれている。そのほかに空海誕生の地とされる善通寺、さまざまな領主から庇護を受け

　凡例　●：国宝、◎：重要文化財

た志度寺などに国宝／重要文化財が多い。建造物の国宝は2件、重要文化財は27件である。

◎**割竹形石棺**　善通寺市の市民会館で収蔵・展示。古墳時代前期の考古資料。善通寺市南側の史跡有岡古墳群内にある標高121mの磨臼山の尾根に位置する磨臼山古墳から出土した。磨臼山古墳は全長50mの前方後円墳で、自然の地形を利用して古墳時代前期末頃に築造された。墳丘の表面に石が葺かれ、埴輪も並べられていたと伝えられる。江戸時代に2回盗掘されて副葬品は散逸し、1956年に石棺が掘り出されて、善通寺市立郷土資料館に寄贈された。石棺は、香川県国分寺町鷲ノ山産出の角閃安山岩を石材にした刳り抜き式の割竹形石棺で、全長196cm、長方形をして身と蓋からなる。蓋の外形は、横断面が三角形に近い。刳り込まれた身の内部に朱の痕跡がある。底部には石枕がつくり出されて、左右両耳の位置に勾玉が浮き彫りされている。割竹形石棺は、もともと丸太を断ち割って刳り抜いた割竹形木棺をまねて石材で製作したもので、類似した形態で、蓋の両端が斜めに傾斜した舟形石棺とは区別されている。舟形石棺は広範囲に多数分布するが、割竹形石棺は香川県の鷲ノ山石および火山石を石材にしてつくられ、分布が限定され少数しかない。

◎**志度寺縁起**　さぬき市の志度寺の所蔵。鎌倉時代後期から室町時代前期の絵画。本尊十一面観音の由来と、志度寺の建立・再興を描いた縦約167cm、横約127cmの縁起絵図全6幅である。御衣木之縁起、志度道場縁起、白杖童子縁起、当願暮当之縁起、松竹童子縁起、千歳童子蘇生記、阿一蘇生之縁起という絵図のもととなった7巻の縁起文（説話）が1317年までに成立し、その後14世紀中頃までに絵図が制作されたと推測されている。7巻の縁起文のうち千歳童子蘇生記の巻に対応する絵図がなく、おそらく失われたと見られている。第1幅は本尊の観音造立について、霊木が漂流してきて童子が観音を彫像したという説話で、長谷寺縁起との関連性が指摘されている。第2幅と第3幅は志度道場縁起の話である。唐に嫁いだ藤原不比等の妹が父鎌足に宝物を供養しようとしたら、志度の浦で船が沈みそうになり、玉を竜神に奪われてしまった。不比等は玉を取り戻そうと志度にやってきたのだが、海女に恋して房前という名の男子を授かり、幸せに暮らした。海女は不比等の来た理由を知ると、海の竜宮へもぐり、無残な姿で戻ってきた。玉は、海女の命と引き換えに乳房の中に隠されていたのである。出世した房前は志度寺を訪れて母の菩

提を弔ったというストーリーである。この説話は謡曲「海女」でも有名である。第4幅以下は特定個人による諸堂建立の功徳を説いている。雄大な自然景観に、複雑な時間経過をたどりながら多数の堂宇と人物を描き込んだ大作である。

● **錫杖頭**（しゃくじょうとう）　善通寺市の善通寺の所蔵。中国／唐時代の工芸品。善通寺は弘法大師空海誕生の地にあり、父佐伯善通（くうかい）の邸宅跡に建てられたとされ、寺号は父の名に由来する。錫杖は僧侶や修験者が持つ杖で、山野や市中を遊行（ゆぎょう）する際に鳴らして、害獣を追い払い、あるいは門前で来訪を告げたりする仏具である。錫杖の上端に挿入される錫杖頭（しゃくじょうとう）は、輪状をした金属製で、遊鐶（ゆうかん）というリングが輪に下がり、振るとリングが接して金属音が鳴り響く。善通寺の錫杖頭は総高27cm、輪の径13.8cm、鋳銅製に鍍金が施され、別につくられた細かい部品を鑞付（ろうづけ）している。屈曲した弧を連ねた雲形の輪の下側に、左右それぞれ遊鐶が3個ずつ下がる。輪の上部に小さな宝珠（ほうじゅ）、そして頂部には火焔宝珠（かえんほうじゅ）が付く。輪の内側には、舟形光背を背にした如来坐像（にょらいざぞう）と左右に菩薩立像、さらにその外側左右に四天王立像を1体ずつ、計5体が配されている。つまり小さい輪の中に、阿弥陀三尊と四天王を背中合わせにして表現しているのである。小像や火焔宝珠には細かい描写が施され、精巧な金工技術がうかがえる。類品のきわめて少ない唐時代の細密な作品で、空海が唐から請来（しょうらい）したとも伝えられている。

● **本山寺本堂**（もとやまじほんどう）　三豊市（みとよし）にある。鎌倉時代後期の寺院。1300年に建立された方5間の密教本堂である。和様に禅宗様（ぜんしゅうよう）や大仏様（だいぶつよう）の建築様式を組み合わせた八脚門（はっきゃくもん）の仁王門◎を抜けると、奥に本堂がある。本堂は寄棟造（よせむねづくり）で本瓦葺（ほんがわらぶき）の屋根、正面に3間の向拝が付く。正面の建具（たてぐ）は住宅風の蔀戸（しとみど）で、柱上の組物（くみもの）は出組（でぐみ）とし、組物と組物の中間にある中備（なかぞなえ）は、間斗束（けんとづか）と蟇股（かえるまた）の2段構成という珍しい手法である。内部は前側2間通りを外陣（げじん）にして、後方中央に正面3間、側面2間の内陣を設ける。外陣内の左右に母屋（もや）の隅柱2本が残るが、外陣中央は上部に大虹梁（だいこうりょう）をかけて柱を省いている。内陣および外陣の母屋は格天井（ごうてんじょう）である。内陣奥にある高欄（こうらん）付きの仏壇には、入母屋造（いりもやづくり）の大きな厨子が立ち、仏壇と厨子は本堂と同時代の作とされる。和様を基調にし、柱もあまり高くなく、温和な外観の仏堂である。

◎金刀比羅宮表書院

琴平町にある。江戸時代前期の住宅。金刀比羅宮はもともと金毘羅大権現と呼ばれ、航海安全の守護神として信仰を集め、象頭山金光院松尾寺の住職が代々別当を務めた。明治維新の廃仏毀釈で仏教色が一掃されて金刀比羅宮と改称され、金堂は旭社、金光院の客殿は表書院、金光院の歴代院主の居宅だった御書院は奥書院となった。表書院は1654年に建てられ、桁行21.7m、梁間16.9m、入母屋造の檜皮葺で、正面に軒唐破風が付く。内部は前列に3部屋、後列に4部屋あり、そのうち5部屋に晩年の円山応挙（1733～95年）による障壁画がある。南側中央は大広間で、引見や役人などのために使用された虎之間である。金砂子地に水墨によって描かれた遊虎図があり、山水を背景に、さまざまな姿態の虎がきわめて写実的に表現されている。なかでも東面の「水呑みの虎」は名高く、表書院の代名詞ともなっている。虎之間の向かって左側は格上の人物用の接客部屋で、竹林七賢図を描いた七賢之間である。一番奥に位置する西北隅の部屋は書院造となった格式の高い上段の間で、大床の壁に瀑布古松図、帳台構に山水楼閣図が描かれている。表書院には、そのほかに近代日本画家の邨田丹陵（1872～1940年）、奥書院には伊藤若冲（1716～1800年）と岸岱（1782～1865年）の障壁画がある。金刀比羅宮書院は四国地方の代表的な書院であり、江戸時代中期以降の歴代障壁画が伝わっている点が特徴といえるだろう。

◎旧金毘羅大芝居

琴平町にある。江戸時代末期の文化施設。1835年に建てられた現存最古の芝居小屋である。江戸時代中頃から金毘羅宮の祭礼のたびに市が開かれ、仮設の芝居小屋で歌舞伎などの興行が行われた。富くじ場を兼ねた瓦葺の定小屋を金毘羅宮別当の金光院に申し出て、金光院は高松藩から許可を得て、芝居小屋が建てられた。大坂3座の一つ大西芝居（後の浪花座）を模してつくられた。近代になると小屋は金光院から離れ、所有者や名称がたびたび変わった。1975年に現在地に移築され、併せて客席、舞台、楽屋回りが当初の姿に復元された。正面の高い庇の下に木戸口と札場、両端に履物をあずける下足場があり、屋根上には櫓を組む。内部客席の大半を平場の枡席が占め、平場の両側に役者の通る花道が伸びる。壁際には桟敷が並ぶ。舞台は回り舞台となっていて、床下の奈落で人力で回転させる。そのほかさまざまな古い舞台装置が残されている。

	時　代	種　別	名　　称	保管・所有
1	奈　良	彫　刻	◎乾漆聖観音坐像	願興寺
2	平　安	彫　刻	◎木造阿弥陀如来坐像	妙音寺
3	平　安	彫　刻	◎木造十一面観音立像	金刀比羅宮
4	平　安	彫　刻	◎木造彦火瓊々杵命坐像	大麻神社
5	平　安	書　跡	●藤原佐理筆詩懐紙	香川県立ミュージアム
6	平　安	典　籍	●一字一仏法華経序品	善通寺
7	平安〜室町	典　籍	◎大般若経	水主神社
8	鎌　倉	絵　画	◎絹本著色観経曼荼羅図	萩原寺
9	鎌　倉	絵　画	◎絹本著色琴弾宮絵縁起	観音寺
10	鎌　倉	絵　画	◎絹本著色智証大師像	金倉寺
11	鎌　倉	工芸品	◎線刻十一面観音鏡像（牡丹獏文鏡）	正覚院
12	南北朝	絵　画	◎絹本著色星曼荼羅図	道隆寺
13	江　戸	絵　画	◎紙本金地著色源氏物語図（狩野養信筆）	法然寺
14	江　戸	絵　画	◎紙本墨画蘇鉄図（与謝蕪村筆）	妙法寺
15	中国／唐	彫　刻	◎板彫阿弥陀曼荼羅	開法寺
16	中国／元	書　跡	◎月江正印墨跡（印可状）	香川県立ミュージアム
17	朝鮮／高麗	絵　画	◎絹本著色地蔵曼荼羅図	与田寺
18	鎌倉前期	神　社	●神谷神社本殿	神谷神社
19	鎌倉後期	寺　院	◎国分寺本堂	国分寺
20	鎌倉後期	石　塔	◎白峯寺十三重塔	白峯寺
21	室町中期	寺　院	◎常徳寺円通殿	常徳寺
22	江戸前期	寺　院	◎屋島寺本堂	屋島寺
23	江戸前期	城　郭	◎丸亀城天守	丸亀市
24	江戸後期	民　家	◎細川家住宅（さぬき市多和額東）	―
25	大　正	住　居	◎披雲閣（旧松平家高松別邸）	高松市

城　郭

丸亀城天守

地域の特色

　香川県は讃岐国である。瀬戸内海の塩飽諸島、小豆島がみられ、海を強く意識した城郭が多く築かれた。古代大和朝廷は、朝鮮半島・唐に備え対馬、壱岐、大宰府、瀬戸内海に臨む山口県石城山、愛媛県永納山、香川県城山および小豆島の星ヶ城、岡山県鬼ノ城、さらに平城宮に至る烽火制と古代山城をつくった。城山は小豆島、吉備に繋ぐ重要な位置にあった。

　香川県の在地豪族として古くは讃岐・綾・佐伯氏があり、その子孫に香西・植田・十河・長尾各氏が出た。県内に国人領主が城を築き活動がみられるのは主に南北朝争乱期からで、守護細川氏は本篠城にあり、東讃に鴨部城の安富氏、西讃に天霧城の香川氏などがあり、細川氏から守護代に任じられていた。

　戦国期になり寒川氏の昼寝城、虎丸城、引田城、植田氏の十河城、池田城、香西氏の佐料城、勝賀城、大熊氏の大熊城、奈良氏の聖通寺城などが築かれた。引田城は阿波国境に近く瀬戸内海に三方が面する標高82mの山城で、十河存保、生駒親正が居城。石垣が残る戦国城郭である。

　天霧城は多度津町にある国史跡の急峻な山城で、自然岩盤が塁壁に利用される。創築は細川氏に仕える香川氏による。山上の主要部は堀切により区画され、自然の巨石を虎口に配する。瓦片が散乱することから立派な建物があったとみられる。

　天正15（1587）年8月、讃岐17万3千石を領した豊臣大名生駒親正は引田城に入ったが、城は領国の東に偏り過ぎているので宇多津の聖通寺城に入った。しかしあまりに手狭であるので、翌16（1588）年、水軍基地ともなる良港が設けられる八輪島を城地と決めた。細川忠興は黒田如水を縄張にあたらせたとされる。2年後に城の濠は海水で満たされ一応竣工した。城を親正は高松と名付け入城した。

天霧城 <ruby>天<rt>あま</rt>霧<rt>ぎり</rt>城</ruby>

別名 雨霧城、白米城、尼斬城　**所在** 仲多度津郡多度津町、善通寺市、三豊市　**遺構** 石垣、空堀、土塁、井戸、堀切

　丸亀平野の西端にある天霧山（標高382m）に築かれている。山裾まで急峻な斜面となった天然の要害である。三次長慶が細川晴元を退け、室町幕府の実権を握ると、細川氏守護国たる讃岐でも三好氏に通じるものが増した。細川氏の下、西讃の守護代であった香川氏は、三好氏の侵攻に対処したが、永禄元（1558）年、三好氏は大軍を率いて讃岐に入り、天霧城を攻撃したが、落城に至らず、三好氏と和議が成立した。天正7（1579）年、長宗我部元親の侵攻には元親の次男親政を養子とすることで和睦。豊臣秀吉の四国平定後は親政とともに香川氏も土佐に移った。白米伝説がある。

城山城 <ruby>城<rt>き</rt>山<rt>やま</rt>城</ruby>

所在 坂出市府中町・川津町ほか、丸亀市　**遺構** 城門、石塁、土塁、水門　**史跡** 国指定史跡

　北に備讃瀬戸を眼下に見下ろす坂出市、丸亀市にまたがる標高462mの城山に城址がある。北東麓には讃岐国府が置かれた。天智天皇2（669）年、白村江の敗戦に日本は朝鮮半島から撤退。外国からの侵攻に備えて、いわゆる古代山城を築いて軍団が配置された。城山城もその一つである。築城年代が明記されている史料はないが、規模、形態、地形からほぼ台形の城山山頂部を二重に廻る石塁や土塁とそこに点在する城門、水門や礎石が遺跡が中心となる。上部は標高400m辺りを8kmに亘って廻っている。内部には池の内と呼ばれる貯水池があり水門がある。下段は標高300m辺りを塁壁がめぐるが崩落が激しい。

聖通寺城 <ruby>聖<rt>しょう</rt>通<rt>つう</rt>寺<rt>じ</rt>城</ruby>

別名 宇多津城　**所在** 綾歌郡宇多津町坂下、平山　**遺構** 土塁、堀

　応仁年間（1467～69）に細川勝元の被官奈良元康が築城した。元康の子元信は管領家の執事として京都にあり、城には子の元政を置いた。天正10（1582）年、長宗我部元親の攻撃を受けると勝賀城の香西氏を頼るが、同年、阿波中富川合戦で討死にした。同15（1587）年讃岐の領主となった生駒親正は引田城に入るが、のち聖通寺城に移った。しかし、聖通寺城は新しい時代の城下町建設には土地が狭小であったため、翌年には高松城を築き移る。聖通寺は廃城となった。

高松城（たかまつ）

別名 玉藻城　**所在** 高松市玉藻町　**遺構** 櫓（現存）、濠、石垣、門（現存）、井戸　**史跡** 国指定史跡

　香東郡篦原庄玉藻浦（のはら）に築かれた新城は、天正18（1590）年に完成、高松城と名づけられた。瀬戸内海に隣接し、海水が濠に入る海城である。寛永16（1639）年4代高俊の時、生駒騒動といわれるお家騒動があり、その翌年、高俊は出羽八島1万石に左遷となった。

　同19（1642）年、徳川光圀の兄頼房の長男松平頼重が生駒の後を受け12万石で入封する。高松城が四国、中国の要所に位置し名実ともに四国中国の目付・探題として、宗藩水戸家と密接な関係を保ちつつ、明治まで11代228年続いた。

　頼重入城後の高松城は修築され、天守以下櫓が整備され、瀬戸内海の浮城としての威厳を誇った。高松城の天守は豊前小倉城の唐造り天守を模して建立、寛文9（1669）年の上棟といい、一説には2代頼常のときに全部造作替えしたと伝える。中央にある本丸は、東側に天守台を突き出させて周囲を広い堀で囲み、他の曲輪とは完全に孤立している。北側に二の丸、これらの東に三の丸があった。また、本丸と二の丸、三の丸を一体とし南と西の帯曲輪を設け南の部分が桜の馬場、西が西の丸となっていた。ここまでが城の中枢で5基の櫓が建ち、今も石垣が現存する玉藻公園である。

　また、海辺の城下町では飲料水に乏しく、頼重は入城後3年の正保元（1644）年から木樋、竹管、土管などで水道をつくり亀井、大井戸、今井戸から良水を各戸に引いている。

　城の南方2.5kmの所にある栗林公園は、松平氏の下屋敷、栗林荘である。頼重が隠居後に居住した檜御殿のある北庭と、西側の紫雲山を借景とした池泉回遊式庭園の南庭である。2代頼常が飢餓対策として作庭事業を進めるなど、5代約100年かけて完成させた。三方を堀で囲んで事あるときに高松城下の南辺防備の拠点として利用できる「城」だった。

多度津城（たどつ）

別名 本台城、本台山城　**所在** 仲多度郡多度津町桃山　**遺構** 石垣

　貞治元（1362）年、香川景房は細川同族の細川清氏を高屋城に攻めた功によって多度津に封をうけ、本台山に城を築いた。景房はさらに城の南方約3kmの、天霧山に築城。平素は多度津に住み戦時は天霧城に拠ったとされる。その後、豊臣秀吉の四国出兵で退去するまで、香川氏は代々続いた。

現在は桃陵公園となり、長さ10m余の石垣が残る。

多度津陣屋　[所在] 仲多度郡多度津町家中

　元禄7（1694）年、丸亀城主京極高豊の庶子高澄は多度津1万石へ分封された。以後、6代170余年、多度津藩が成立するが、3代高文まで丸亀城内に部屋住いしていて、家臣数名を多度津に派遣して事にあたらせていた。陣屋が構築されるのは4代高賢の文政10（1827）年である。陣屋の遺構はみられないが、町内家中地区には武家屋敷が残っている。

虎丸城　[所在] 東かがわ市与田山　[遺構] 石積、土塁、畝状竪堀群、堀切

　虎丸山（標高417m）の山頂に築かれた山城である。中腹から急峻となり、曲輪は東西南北の4方向に延びる尾根筋に連なって築かれている。大内、寒川、小豆の3郡を領した寒川氏がここを本拠とした。永正年間（1504〜21）以後は周防の大内氏や細川氏に属していたが、元亀元（1570）年、阿波の三好長治に所領を奪われ、寒川氏は昼寝城に移った。天正10（1582）年土佐の長宗我部氏が阿波より攻め入ると、時の城主十河存保は豊臣秀吉に救援を求めたため、長宗我部元親は退いた。同11（1583）年、再度の攻撃には耐えたが、同12（1584）年には存保は退去した。

引田城　[所在] 東かがわ市引田　[遺構] 石垣、土塁、井戸

　応仁年間（1467〜69）に寒川氏が引田を領し、永正年間（1504〜21）四宮右近が来て引田城を修築したといわれる。元亀元（1570）年、右近の孫光武の時阿波の三好長治の攻撃で光武は長治に城を引き渡した。三好氏は矢野駿河守を城将としたが天正7（1579）年、阿波岩倉城主三好式部に謀殺され、城主は不在となる。同11（1583）年、讃岐を攻略した長宗我部元親に対して、淡路国洲本城主の仙谷秀久を派遣。秀久は家臣の森志摩守を引田城に入れるが、引田中山の戦で秀久は敗退し、小豆島まで撤退した。天正13（1585）年豊臣秀吉の四国平定で元親は降伏。秀吉の四国国分により、讃岐は仙谷秀久に与えられ、十河存保は東讃2万石を分与されると、引田城は十河氏の領有となった。十河氏は秀吉の九州出兵に加わるが、豊後国の戸次川の戦で仙谷秀久は失態を演じて所領を没収された。秀久に従っていた存保は討死に、十河氏は断絶した。同15（1587）年替わって讃岐の領

主になった生駒親正は、引田城に入ったが、東に偏っているため、後に聖通寺城に入り、さらに高松築城へと移っていった。城は引田港を北方より囲むように突き出した城山（標高82ｍ）の山頂部にある。南の本丸から東の引田島灯台に向けてＵ字型に曲輪が連なりＵ字の底部に大手口があり、山麓に向って大手道が下がる。反対側東の谷には貯水池の化粧池がある。これらの曲輪は野面積の石垣がある。発掘調査では多数の瓦片や礎石が確認され、これらの曲輪の北側にも曲輪があるが、石垣はなく生駒氏以前の遺構とみられる。

星ヶ城（ほし） 所在 小豆郡小豆島町安田 遺構 石垣、土塁、堀、井戸

　小豆島の最高峰の急峻な星ヶ城山にある。延元4（1339）年備前児島の佐々木信胤（のぶたね）が南朝に味方して挙兵した。信胤は元弘の変（1331）以来、足利尊氏に従って大いに軍功をあげていた。信胤が南朝に着いた理由としては高師秋との確執が伝えられる。北朝側では貞和3（1347）年細川禅定と1か月の攻防戦ののち敗れた。星ヶ城は、Ｖ字状の鞍部によって東西の峰に分かれる。西峰（805ｍ）は石垣や土塁のほか居館跡や鍛冶場跡、東峰（817ｍ）には湧水を溜めた井戸や烽火台とみられる場所がある。

丸亀城（まるがめ） 別名 亀山城、蓬莱城 所在 丸亀市一番丁 遺構 現存天守、門（現存）、石垣、濠、番所、長屋 史跡 国指定史跡

　室町時代、管領細川頼之の重臣で細川四天王の一人といわれた奈良元安が本拠宇多津聖通寺城の支城として亀山に砦を構えたのが始まりである。

　天正13（1585）年、奈良氏は土佐の長宗我部元親のために滅ぼされ、その長宗我部氏も豊臣秀吉に降伏し、讃岐は仙谷秀久に与えられた。秀久が九州平定の際の不手際で秀吉の怒りに触れて追放されると、生駒親正は讃岐17万石に封ぜられた。やがて親正は本城として高松城を築くが、この地に支城を構えた。現在に残る丸亀城は親正の手によるものである。海抜70ｍの亀山をそのまま利用し螺旋式に三の丸から本丸に通ずる構造はほかに例がなく、城壁の高いのも特徴である。築城には慶長2（1597）年から5ヵ年が費やされた。

　元和元（1615）年の一国一城令には当然破却の運命にあったが、時の城主生駒正俊は丸亀城を惜しむあまり、表面だけ廃城と見せかけ、要所要所を樹木で隠し、厳しく立ち入り禁止としていた。この生駒氏も寛永17（1640）

年、生駒騒動で出羽に転封となり、翌年天草から山崎家治が5万3千石で入封。幕府からの修築費用銀300貫を得て丸亀城の修築に着手した。家治の丸亀修築の普請は寛永20（1643）年から32ヵ年を費やされた。石垣の大部分はこのときのものである。花崗岩の切石を隙間なく積み上げた切込接の手法で、美しい扇の勾配を描いて築かれた。

　当時の記録によると、櫓12、鐘堂1、城門8、番所6とある。現存の天守は家治によるといわれるが、記録に天守の文字はない。この天守は江戸時代の天守遺構としては最も小さく、三層三階で穴蔵もない独立天守であるが、石垣の下方や遠方から見ると案外に威風堂々としている。これには設計者の苦心があった。最上層の入母屋の破風を経済的、構造的損失を承知で正面に向けたからである。内部は各階床張りで、一、二階は母屋の周囲に入側を廻らし、各階に武者窓、狭間を設け、北面は一階東寄りに石落しを設け、外観的には武威を強調するとともに搦手口の守備を強化している。

　山崎氏が3代で断絶すると、万治元（1658）年播州龍野から京極高知が6万石で入城した。高知は山崎氏以来の大野原開拓を完成させて百数十町歩の新田を得て、城の修築も行った。天守は、同3（1660）年の完成ともいわれている。以後、京極氏が7代続いて明治に至った。

　明治2（1869）年、城内搦手の煙硝庫が爆発、同5（1872）年には三の丸御殿から出火、ほとんどが灰燼に帰した。

　現在天守、大手一の門の高麗門、同二の門（門の矢狭間が引き戸になっているのも珍しい狭間）、御殿表門が石垣、濠とともに残っている。

屋嶋城 <ruby>屋<rt>や</rt></ruby><ruby>嶋<rt>しまのき</rt></ruby><ruby>城<rt></rt></ruby>

所在 高松市屋島東町　**遺構** 石塁、門（復元）、土塁、水門跡　**史跡** 国指定史跡

　天智天皇6（667）年の対大陸政策として築かれた城の一つで『日本書紀』にも記される朝鮮式山城である。天険を利用した古代山城で規模は大きく、東西3km、南北5km、周囲8km、山頂に烽火台を置き、外からは見えず遠く、吉備鬼ノ城などまで展望の利く構えであった。3か年を費やして築かれた屋島城は標高100m辺りに石塁や水門跡および台状遺構（物見台）がみられる。また、発掘調査により7世紀後半の城郭遺構が見つかったことから2段の城壁がめぐらされていたことがわかった。調査の結果から6mの城壁と城門、石積の城壁が復元されている。

戦国大名

香川県の戦国時代

　応仁の乱の際、讃岐国は東軍の細川勝元の分国であったため、守護代安富氏と香川氏の代官が兵を率いて上洛するなど、畿内での戦いに参戦していた。当時、讃岐国にあった13郡のうち、6郡を香川氏、7郡を安富氏が掌握していたが、安富氏の支配地は実質的には国衆の香西氏が勢力を持ち、さらに香西氏を支えていたのは讃岐藤原氏といわれた羽床氏の一族であった。

　永正4年（1507）、細川京兆家の内紛があり、山城守護代をつとめていた香西元長が細川澄之派として細川澄元を襲ったものの逃し、逆襲されて元長は安富氏、香川氏ともども討死した。その結果、澄之派に属していた讃岐国衆勢の力が衰え、代わって京兆家を継いだ澄元派の阿波三好氏の勢力が強くなり、讃岐国にも影響力を及ぼすようになった。

　まず東讃地域で、守護代安富氏と国衆寒川氏が対立、さらに阿波三好氏の後ろ盾を得た十河氏が勢力を伸ばし、寒川・十河両氏は結んで安富氏を降した。さらに香西氏も三好氏に服属したことから、永禄元年（1558）三好義賢（実休）は西讃の香川氏を攻め、以後は三好氏のもとで東部は十河氏、西部は三好氏の家臣篠原氏が支配した。

　天正元年（1573）に篠原長房が死去すると、讃岐国衆は三好氏から離反して独立。すると同5年には安芸の毛利氏が讃岐に侵攻した。さらに翌6年には土佐の長宗我部元親が阿波白地城から西讃に侵攻、香川氏が戦わずして降ったことから、羽床氏、長尾氏、香西氏、十河氏と次々に敗れてほぼ制圧された。しかし、同13年には豊臣秀吉の大軍が四国を征討、讃岐国の大半が仙石秀久の所領となった。

　翌14年の秀吉の九州平定の際、仙石秀久は多くの讃岐国衆を率いて豊後に出陣して大敗、多くの国衆が断絶したとみられる。

秋山氏（あきやま）　讃岐国の国衆。清和源氏で甲斐秋山氏の一族。弘安年間（1278〜88）に光季が讃岐国高瀬郷（三豊市）に移り住んだというが、讃岐における光季の事績は不明で、事実上の祖は光季の孫とみられる泰忠である。泰忠は建武政権下では足利尊氏に属し、南北朝時代は北朝に与して守護細川氏の被官となった。室町時代末期には内紛を起こして勢力が衰え、戦国時代は香川氏の家臣となった。天正5年（1577）長宗我部元親の讃岐侵攻では香川氏を離れて長宗我部氏に降っている。同10年仙石秀久の讃岐入国で所領を没収された。

安西氏（あんざい）　讃岐国三木郡の国衆。文明2年（1470）に信濃国から三木郡高岡郷（木田郡三木町）に下向し、以後三条城に拠ったという。慶長2年（1597）安西与八郎は生駒近規より100石を与えられ、のち近習となったが、生駒氏の改易で浪人。江戸時代は庄屋となった。

池内氏（いけのうち）　讃岐国香川郡の国衆。建武年間（1334〜36）に、十河吉保の三男孝教が池内城（高松市香南町池内）を築城し、池内氏を称した。のち細川氏に従う。天正10年（1582）に長宗我部元親が十河城を攻めた際には、池内主殿助孝晴が援軍を率いて十河城に入っている。

植田氏（うえだ）　讃岐国山田郡の国衆。名字の地は同郡植田村（高松市）で、在庁官人凡氏の末裔。平安末期から活動が知られ、源平合戦の際には、植田信則が源氏方に与したという。代々戸田城（高松市東植田町）に拠った。天正年間（1573〜92）に長宗我部元親に敗れて落城した。

岡氏（おか）　讃岐国香川郡の国衆。藤原北家秀郷流。もとは伊予国の目代だったが、正安年間（1299〜1302）に行兼が讃岐国香川郡井原荘（高松市香南町）に移り、岡村に住んで岡氏を称したのが祖という。子行業は岡城に拠り、延文年間（1356〜61）に阿波国から来国した細川頼之の執事となった。天正13年（1585）行安のとき豊臣秀吉の四国攻めで除封となり、同16年生

駒家に仕えた。その後、生駒家の改易で帰農した。

香川氏（かがわ）　讃岐の戦国大名。桓武平氏鎌倉氏の一族だが、系譜は各種あり不詳。経高が相模国高座郡香川荘（神奈川県茅ヶ崎市香川）に住んで香川氏を称したのが祖。鎌倉幕府の御家人となり、承久の乱の功で安芸と讃岐に所領を賜った。讃岐香川氏は承久の乱後、景則のとき讃岐に移り、室町時代は細川京兆家に仕えて西讃岐6郡の守護代となった。室町末期に細川京兆家が衰退すると、香川氏は戦国大名に発展、天霧城（善通寺市）に拠って讃岐西部を支配した。信景は天文21年（1552）毛利元就に通じたが、永禄元年（1558）に三好義賢が帰国すると三好氏に降った。天正4年（1576）には織田信長に通じ、同6年に長宗我部元親の讃岐侵攻に際しては、元親の二男親和を女婿として迎え、同9年には家督を譲っている。同13年豊臣秀吉の四国攻めで改易され、親和は土佐に戻っている。

川田氏（かわた）　讃岐国香川郡の国衆。桓武平氏香川氏の庶流。嘉吉年間（1441〜44）景兼・景秀の兄弟が阿波国麻植郡川田荘（徳島県吉野川市山川町）を攻めたとき、川田八幡宮に祈願して勝利を収め、以後川田氏と称した。のち香川郡岩部（高松市塩江町）に移り、岩部城に拠った。

久米氏（くめ）　讃岐国鵜足郡の国衆。久米盛重は細川頼之に従って讃岐国鵜足郡長尾郷（仲多度郡まんのう町）を与えられ、貞治3年（1364）には頼之に従って伊予の河野攻めに出陣している。応安4年（1371）頃には同地に三島神社を勧請した。室町時代には長尾氏に属していたが、天正13年（1585）長尾氏の滅亡で帰農した。

香西氏（こうざい）　讃岐の戦国大名。古代豪族綾氏の一族である讃岐藤氏の末裔。承久の乱で新居資村が幕府方に属して功をあげ、乱後綾部・香川の2郡を支配し、香西城（高松市香西町）を築城して香西氏を名乗った。その後は瀬戸内海にも勢力を広げ、鎌倉末期まで讃岐国最大の豪族であった。南北朝時代以降は細川氏に属し、当主元直は洛中に常駐して細川氏を補佐する上香西家となり、弟の元綱は讃岐で所領を経営する下香西家となった。上香西家の元長は細川政元のもとで山城国守護代をつとめたが、細川氏の内

訌で細川高国によって討たれた。元長の跡は丹波波多野氏から元盛が養子となって名跡を継ぎ細川高国に従ったものの、元盛も高国によって自害させられ、やがて細川氏とともに没落した。下香西家は勝賀城（高松市）に拠って戦国大名となり、のち阿波の三好氏に属した。佳清は十河氏に属して藤尾城（高松市）に転じ、天正7年（1579）頃讃岐に侵攻してきた長宗我部元親に降った。同13年の豊臣秀吉の四国攻めで滅亡、子孫は出雲に逃れた。

<ruby>近<rt>こん</rt>藤<rt>どう</rt></ruby>氏

讃岐国三間郡の国衆。『吾妻鏡』や『源平盛衰記』に登場する近藤国平が讃岐守護となり、子孫は三間郡の地頭となって土着した。室町時代には、大水上神社領の二宮荘を本拠とした二宮近藤氏と、土佐に移り住んだ国平の子国盛の末裔が再び讃岐に戻って勝間荘麻郷（三豊郡高瀬町上麻）を本拠とした麻近藤氏の2流があった。戦国時代、阿波大西氏と縁戚関係にあったことから、天正5年（1577）に阿波白地城が落城した際に大西覚養が近藤国久を頼って落ちてきたという。翌年には長宗我部元親が讃岐に侵攻、国久の麻城、国祐の獅子ヶ鼻城、国秀の橘城がすべて落城して麻近藤氏は滅亡。二宮近藤氏も所領を失った。

<ruby>四<rt>し</rt>宮<rt>のみや</rt></ruby>氏

讃岐・備前の国衆。香西氏の一族。戦国時代は引田城（東かがわ市）に拠って寒川氏に従っていたが、元亀元年（1570）に寒川氏が阿波三好氏に屈して大内郡を献上したため同城を退いている。その後、四宮光武が豊臣秀吉に従って功をあげ、のち乙井城（さぬき市造田）に拠った。また、一族は備前国児島郡日比（岡山県玉野市日比）に進出、四宮城を築城して日比四宮氏として水軍を率いていたが、同2年（1571）本太城（倉敷市）の合戦で香西元清（宗心）が敗死して没落した。

<ruby>十<rt>そ</rt>河<rt>ごう</rt></ruby>氏

讃岐の戦国大名。讃岐国山田郡蘇甲郷（高松市十川）の出で景行天皇の子神櫛王の子孫という。古くから讃岐の土豪で、守護細川氏に仕えて四国各地に進出したとみられ、永仁元年（1293）の阿波守護小笠原常春の被官に十河元清の名がみえる他、南北朝時代に細川頼之の目代として伊予守護代となった十河遠久もいる。正平17年（1362）、北朝方から南朝方に転じた細川清氏が讃岐で挙兵した際には十河十郎吉保が、兄神内景辰・三谷景之とともに参集した。清氏はまもなく敗死したが、十河氏は室町時

代も守護細川氏のもとで山田郡の主要国人として活動したとみられる。細川氏の畿内進出に際しては、応永32年（1425）に十河宗善が摂津守護代となっている。戦国時代に阿波の三好氏から一存・存保を養子として迎えて勢力が広がり、一時東讃から阿波にかけて大きな力を持った。存保は滅亡した阿波三好氏の名跡を継いで勝瑞城に入ったが、天正10年（1582）長宗我部元親に敗れて讃岐国に退き、没落した。その後、存保は豊臣秀吉に仕えたが、同14年の豊後戸次川合戦で戦死。江戸時代、子孫は2家に分かれて十河村と熊栗村の大庄屋となった。

滝宮氏（たきみや）　讃岐国阿野郡（綾歌郡綾南町）の国衆。讃岐綾氏の一族。戦国時代、柾木城に滝宮豊後守安資、滝宮城に滝宮弥十郎が拠っていた。天正7年（1579）安資は城を放棄し、弥十郎は滝宮城で討死したという。

佃氏（つくだ）　讃岐国香川郡の国衆。源氏。南北朝時代、足利尊氏に従って功をあげ、摂津国西成郡佃郷（大阪市西淀川区）に所領を賜って佃氏を称したのが祖で、佃城に拠った。佃城主泰綱の弟の教氏は貞治元年（1362）細川頼之に従って讃岐国に転じ、大野北城（高松市香川町）を築城して拠った。元亀年間（1570〜73）直成は摂津佃家を継いだが、天正4年（1576）織田信長に敗れて討死。子孫は生駒家に仕えた。

長尾氏（ながお）　讃岐国鵜足度郡の国衆。初代元高は三野郡詫間郷を領していたが、応安元年（1368）西長尾城（仲多度郡まんのう町長尾）に移り、長尾大隅守を称した。以後代々西長尾城に拠った。天正7年（1579）長宗我部元親に従うが、同13年豊臣秀吉の四国攻めで落城した。

奈良氏（なら）　讃岐国鵜足郡の国衆。武蔵奈良氏の一族という。室町時代、細川氏に従って讃岐に転じ、聖通寺城（綾歌郡宇多津町）に拠って鵜足・那珂両郡に勢力を持った。天正3年（1575）香川之景によって那珂郡を奪われ、以後は鵜足郡のみとなった。その後は三好氏に属し、同10年元政のとき香川親和に敗れて落城した。

羽床氏（はゆか）　讃岐国阿野郡の国衆。同地の古代豪族綾氏の子孫で、章隆の子

資隆が阿野郡羽床郷（綾歌郡綾川町）に住んで羽床氏を称した。一族は讃岐各地に広がった。戦国時代、嫡流は羽床城に拠って香西氏に属していたが、天正7年（1579）羽床資載は長宗我部元親に敗れて開城、本領を安堵された。跡を継いだ資吉は豊臣秀吉の四国攻め後は仙石秀久の家臣となり、同14年の戸次川合戦で討死して滅亡した。

宮脇氏

讃岐国香川郡の松縄城（高松市松縄町）城主。応仁2年（1468）宮脇越中守長定が紀伊国から移住し、野原荘・大田荘を領有したのが祖という。戦国時代には香西氏に属し、天正年間（1573～92）宮脇兵庫守の娘が香西氏一族の植松備後に嫁いでいる。

安富氏

讃岐東部の戦国大名。紀姓という。照之が足利尊氏に従って播磨国三ヶ月郷（兵庫県）を賜り、応安年間（1368～75）頃に細川頼之に従って讃岐国三木郡に入部したとされる。室町時代後期には讃岐国東半国の守護代をつとめていた。長禄年間（1457～60）山城守盛長のとき、寒川氏から寒川郡の一部を割譲され、雨滝城（さぬき市）を築城して拠った。天文9年（1540）盛方は寒川氏の寒川郡に侵攻。元亀元年（1570）盛定は寒川氏から大内郡を奪い、虎丸城（東かがわ市）に転じた。天正11年（1583）長宗我部元親が東讃に侵攻してくると盛定は小豆島に逃れ、のち豊臣秀吉に仕えた。

由佐氏

讃岐国香川郡の国衆。藤原北家秀郷流で、下野益子氏の一族。秀助のときに足利尊氏から讃岐国井原荘を与えられ、細川氏に属して由佐城（高松市香南町）を築城、由佐氏と改称した。天正11年（1583）長宗我部元親に降ったが、仙石秀久の入部でその家臣となった。江戸時代は生駒氏に仕えている。

龍満氏

讃岐国香川郡の国衆。藤原南家。もとは三河国二川荘に住んで二川氏を称していた。光吉のとき細川頼之に従って讃岐国井原荘に転じ、のち龍満（香川町）に館を築いて代々龍満備中守を称した。光盛は細川持隆に仕えていたが、三好長慶の謀叛にあって討死。子光胤は二川氏に改めて帰農した。

名門／名家

◎中世の名族

十河氏（そごう）

讃岐の戦国大名。讃岐国山田郡蘇甲郷（高松市十川）発祥。景行天皇の子神櫛王（かみくしおう）の子孫という。古くから讃岐の土豪で、守護細川氏に仕えて四国各地に進出したとみられ、1293（永仁元）年の阿波守護小笠原常春の被官に十河元清の名が見える他、1356（正平11・延文元）年に細川頼之の目代として伊予守護代となった十河遠久もいる。1362（正平17）年、北朝方から南朝方に転じた細川清氏が讃岐で挙兵した際には十河十郎吉保が、兄神内景辰・三谷景之と共に参集した。清氏は間もなく敗死したが、十河氏は室町時代も守護細川氏の下で山田郡の主要国人として活動したとみられる。細川氏の畿内進出に際しては、1425（応永32）年に十河宗善が摂津守護代となっている。

　戦国時代に阿波の三好氏から一存（かずまさ）・存保（まさやす）を養子として迎えて勢力が広がり、一時東讃から阿波にかけて大きな力を持った。一存は「鬼十河」として恐れられた。そのあとを継いだ存保は滅亡した阿波三好氏の勝瑞城に入ったが、1582（天正10）年中富川合戦で長宗我部元親に敗れて讃岐国に退き、没落した。その後、存保は豊臣秀吉に仕えて十河3万石を安堵。しかし、86（同14）年の豊後戸次川合戦で存保が討死、子千松丸もまもなく死去して滅亡した。。

　江戸時代、子孫は二家に分かれて十河村と熊栗村の大庄屋となり、両家共に高松藩から名字帯刀を許されていた。

◎近世以降の名家

猪熊家（いのくま）

大川郡白鳥（東かがわ市松原）の白鳥神社神官。1664（寛文4）

年高松藩に招かれた卜部兼古が祖。以後代々白鳥神社神職をつとめる。明治時代の15代夏樹は歌人としても知られる。同家住宅は香川県指定文化財である。

鎌田家 (かまた)

大内郡湊村（東かがわ市白鳥）の豪農。藤原姓で相模国の出という。戦国時代、俊綱が仙石秀久に仕えて讃岐国宇多津に転じ、俊忠は生駒親正入国の際に召し出だされ高松に住んだ。生駒高俊が改易されると俊勝は浪人となり、俊定の時に湊村（白鳥町）で帰農した。その後甘藷栽培を始め、豪農となった。維新後、長五郎・虎太郎父子は共に香川県議をつとめた。

河田家 (かわだ)

那珂郡金倉郷（善通寺市金蔵寺町）の旧家。清和源氏の源頼政の末裔で、淡路国河田荘の地頭となって河田氏を称したと伝える。戦国時代には天霧城の香川氏に従い、江戸時代になって金倉郷に住んだ。東河田の本家と西河田の分家の二家があり、江戸後期の儒学者河田迪斎は東河田家の出である。

菊池家 (きくち)

高松藩儒。肥後菊池氏の末裔。薩摩藩儒菊池耕斎の子で昌平坂学問所の学頭をつとめた武雅（半隠）が高松藩2代藩主松平頼常に召し出されて高松藩儒となったのが祖。孫武詔の時改易となった。その後、一族の増田正宅の子武賢が菊池氏に復して黄山と称して高松藩儒となり、黄山の孫の五山が菊池本家を再興した。作家菊池寛は黄山の末裔である。

紀太家 (きた)

高松藩の御用窯である理兵衛焼の陶家。近江国信楽の森島重芳が祖。2代重利は粟田焼の陶工だったが、1649（慶安2）年讃岐高松藩主松平頼重の招きで讃岐国に転じ、紀太理兵衛と改称して、御用焼物師となった。1870（明治3）年10代目の時に「理平」と改称。現在は14代目である。

木村家 (きむら)

高松藩家老。宇多源氏。元は信濃国で小笠原氏に仕えていた。小笠原氏の転封で小倉藩士となり、1658（明暦4）年に小笠原忠真の二女松林院が陸奥守山藩主だった松平頼元に嫁いだ際に、正智が付人として守山藩に転じた。さらに、頼元の孫の頼恭が高松藩主の養子となった際には、

木村季明が付人として高松藩士となった。季明は高松藩の家老となり、松平頼恭・頼真・頼起と3代にわたって仕えた。孫の通明（黙老）も家老として砂糖為替法の施行や塩田開発などで藩財政を再建する一方、歌舞伎や戯作を愛好し、滝沢馬琴と親交があったことで知られる。

京極家 _{きょうごく}

丸亀藩主。宇多源氏で、室町時代の四職の一つ京極氏の末裔。本能寺の変後、高次は明智光秀の勧誘に応じて羽柴秀吉の居城近江長浜城を攻めて占拠したため、秀吉の追及にあって美濃・越前・若狭に身を隠した。その後、妹が秀吉の側室松丸殿となったために許され、弟高知と共に秀吉に仕えた。1590（天正18）年近江八幡山2万8000石、95（文禄4）年近江大津6万石を与えられて京極氏を再興した。

関ヶ原合戦で西軍に敗れた高次は、のち徳川家康に召し出されて若狭小浜藩8万5000石に入封。1634（寛永11）年忠高は出雲松江26万4000石の大身となるが、跡継ぎがなくいったん断絶。養子高和が播磨竜野6万石で再興した。58（万治元）年讃岐丸亀に転封となる。1884（明治17）年高徳の時に子爵となる。

京極家 _{きょうごく}

多度津藩主。1694（元禄7）年丸亀藩主京極高豊の庶子高通が父の遺領のうち1万石を分知されて多度津藩を立藩したのが祖で、藩庁は丸亀城内に置いた。1829（文政12）年4代高賢の時に多度津に陣屋を構えた。84（明治17）年高典の時子爵となる。

日柳家 _{くさなぎ}

那珂郡榎井村（琴平町）で加島屋と号した豪農。播磨国の赤松氏の一族で、戦国時代には長尾城（仲多度郡まんのう町）城主の長尾大隅守に仕えていた草薙隼人が祖という。江戸時代は豪農の傍ら、米穀商も営んでいた。幕末に博徒の親分の傍ら志士として活躍した日柳燕石は同家の出である。

琴陵家 _{ことおか}

金刀比羅宮宮司。江戸時代の金刀比羅宮は神仏習合で、別当は代々養子によって継承してきた。宇和島の山下家から養子となった、第19代別当宥常の時に明治維新を迎え、神仏分離令によって金刀比羅宮宮司となり、琴陵を名字とした。

<ruby>佐野<rt>さの</rt></ruby>家

大内郡引田（東かがわ市）で井筒屋と号した豪商。1692（元禄5）年に創業、間もなく上方や江戸に引田醤油を出荷した。1913（大正2）年から酒造、20（同9）年からは焼酎・味醂の製造も行い、香川県東部最大の豪商であった。同家の母屋と倉庫は2001（平成13）年に引田町（現・東かがわ市）が取得、05（同17）年から讃州井筒屋敷として公開されている。

<ruby>富山<rt>とみやま</rt></ruby>家

高松城下（高松市）で三倉屋と号した豪商。戦国時代の備前富山城主富山氏の末裔という。江戸時代中期に讃岐国を訪れた与謝蕪村が逗留したことでも知られる。高松藩の御用商人で5人扶持を給されていた。明治時代には南新町に5000坪を超えるという大邸宅を所有していたが、大正時代に没落した。

<ruby>松平<rt>まつだいら</rt></ruby>家

高松藩主。水戸藩初代藩主徳川頼房の長男頼重は、長男にもかかわらず嫡子とされず、1639（寛永16）年に5万石を与えられ常陸下館藩を立藩したのが祖。42（同19）年讃岐高松12万石に転じた。1884（明治17）年頼聡の時に伯爵となる。

<ruby>丸尾<rt>まるお</rt></ruby>家

那珂郡の塩飽諸島牛島（丸亀市）の旧家。肥後の出といわれるがはっきりしない。2代目重次が陸奥国の南部領川内湊（青森県むつ市川内町）で弁才船を建造して津軽ヒバの積み出しに成功、さらに津軽領の蟹田湊にも一族を派遣してヒバの集荷を行い、塩飽諸島を代表する廻船業者となった。

<ruby>矢原<rt>やはら</rt></ruby>家

那珂郡（まんのう町）の豪農。嵯峨天皇の命によって空海が満濃池構築のために讃岐へ下向した際に、地元で事業を推進したのが矢原家であるといい、空海の植えたカリンの木の2代目は香川県自然記念物に指定されている。江戸時代初期には生駒家の命で満濃池の修築を行っている。

博物館

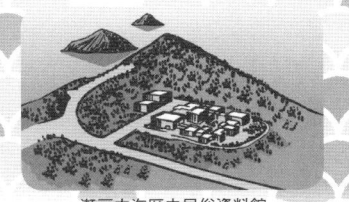

瀬戸内海歴史民俗資料館
〈五色台山上に建つ館〉

地域の特色

　香川県は、四国の北東部に位置し、日本の都道府県のうち面積が最も小さい県である。県庁所在地は高松市。自治体数は8市9町で、県の人口はおよそ94万人（2021（令和3）年9月現在）。瀬戸内海に面し、日本で初めて国立公園に指定された瀬戸内海国立公園の中心に位置する。県域北部は讃岐平野、南部には讃岐山脈が連なり、瀬戸内海には小豆島など多くの島々がある。香川県は古くは「讃岐国」と呼ばれていた。県域には古代から人が住み、国分台遺跡群ではサヌカイト製の石器が大量に出土している。屋島は平安時代後期の源平合戦の一つである屋島の戦いで知られる。江戸時代の県域には松平氏の高松藩、京極氏の丸亀藩とその支藩の多度津藩の3藩、幕府と津山藩の飛地があった。全国的に知られる名物の讃岐うどん、特別名勝の栗林公園、オリーブなどで有名な小豆島、アートで知られる直島、海の守り神、金比羅山として知られる金刀比羅宮など、多くの観光資源をもつ県でもある。県内の資料館、博物館などでつくる香川県資料館協議会には2021（令和3）年3月現在で40館が加盟し、各館の相互PRや館蔵資料展などの共同事業を行っている。

主な博物館

瀬戸内海歴史民俗資料館　　高松市亀水町

　瀬戸内海広域を対象とした、瀬戸内地方の海や暮らしの民俗を中心に扱う博物館。1973（昭和48）年に開館し、現在は香川県立ミュージアムの分館となっている。瀬戸内海国立公園を見下ろす五色台の山上にあり、建物は「海賊の城」のイメージで設計された建築で、日本建築学会賞や公共建築百選などに選ばれている。2万2千点を超す民俗資料を収集し、そのうち瀬戸内地方の漁撈用具、船大工用具、日本の背負運搬具コレクション

5,966点が国重要有形民俗文化財に指定されている。常設展示ではさまざまなタイプの木造船や漁具、農具、運搬具などで瀬戸内地方の暮らしを紹介。屋外にも灯台や灯ろうなどを展示している。また、収蔵資料を中心に構成した「テーマ展」や分野横断的な「瀬戸内ギャラリー」などを開催。学芸員らによる「れきみん講座」、瀬戸内沿岸の町を訪ねる「瀬戸内探訪」などの教育活動、学校への特別授業、展示案内や資料整理などのボランティア活動なども実施している。

香川県立ミュージアム　　高松市玉藻町

歴史博物館と美術館の機能をもつ総合ミュージアム。1999（平成11）年に開館した香川県立歴史博物館に香川県立文化会館の美術部門を統合し、香川県立文化会館と瀬戸内海歴史民俗資料館を分館として再編した。国宝や重要文化財、衆鱗図で知られる高松松平家博物図譜など、数多くの資料を所蔵する。歴史展示室は「かがわ今昔」と題し、原始から近現代までの時代ごとに資料や映像、竪穴住居や蔵など、各時代を代表する建物や景観の再現などで当時の雰囲気をわかりやすく紹介している。常設展示室では歴史系と美術系の展示を年10回程度開催しており、歴史系では高松松平家ゆかりの資料や弘法大師空海、国宝・重要文化財などの収蔵資料をテーマごとに入れ替えて展示している。図書コーナーや着付け体験などができる体験学習室もある。年2回程度の特別展、講演会やワークショップ、学校への学習支援、ボランティア活動の受け入れなど、多彩な活動を行っている。

香川県立五色台少年自然センター自然科学展示室　　高松市生島町

瀬戸内海国立公園の青少年向け野外体験学習施設内にある展示室。1970（昭和45）年に設置された香川県自然科学館の資料を移設展示している。展示は生物、地学、人文の領域に分かれ、県内で見られる哺乳類や鳥類の剥製、昆虫標本、化石や県特産の岩石サヌカイト、五色台や周辺で出土した石器、古代寺院の瓦などがある。世界最古のナマズ化石のレプリカやサヌカイトの石琴など、楽しみながら学ぶ工夫もされている。企画展や、センター行事として親子自然体験教室なども開催している。

国立療養所大島青松園社会交流会館　高松市庵治町

　大島青松園は全国に13ある国立ハンセン病療養所の一つで、高松港から北東へ約8キロメートルの大島全体が療養所である。社会交流会館はハンセン病に関する史資料の収集・保存・調査研究と成果の展示公開を行っている。三つの展示室と図書室があり、ハンセン病の歴史と病気の構造、入所者の「生」と療養所としての大島の歴史、1958（昭和33）年、「無らい県運動」前後の大島のジオラマなどを展示している。

四国民家博物館（四国村）　高松市屋島中町

　民家を中心とした古建築をテーマにした野外博物館。約5万平方メートルの広大な敷地に江戸期から大正期にかけての古い民家などを四国各地から移築復原しており、散策しながら見学することができる。民家12棟、醤油蔵などの伝統産業施設8棟、歌舞伎屋台など村の共同施設5棟の他、燈台などもあり、それらは国の重要文化財や県指定文化財などに指定されている。建物だけでなくおよそ1万点の民具も保存しており、展示からは生活の様子がうかがえるほか、季節ごとの飾り付けや催しも行っている。敷地内には美術品の展示や企画展を行う、安藤忠雄による設計の四国村ギャラリーもある。

高松市歴史資料館　高松市昭和町

　歴史を学び郷土に親しめる施設として開館した。市東部にある古戦場の屋島にちなみ、源平合戦に関する資料を多く収集している。常設展示では重要文化財の田村神社古神宝類や、高松藩御座船飛龍丸模型をはじめ、高松の原始から近現代までを時代順に展示している。企画展、館内、館外での講座の他、友の会「讃岐村塾」もある。

菊池寛記念館　高松市昭和町

　高松市出身で『父帰る』『真珠夫人』などで知られる作家菊池寛の記念館。高松市歴史資料館と同じ施設内にある。常設展ではその生涯をたどるほか、文学の姿を紹介。また、芥川賞・直木賞、菊池寛賞や郷土ゆかりの大藪春彦、西村望、村山籌子の展示もある。著書や大衆文学、芥川賞などの受賞

作品が閲覧できる研究・閲覧室もある。文学展（企画展）、講座のほか、香川菊池寛賞・菊池寛ジュニア賞などの事業を開催している。

四国水族館 綾歌郡宇多津町浜一番丁

瀬戸大橋のたもとに2020（令和2）年に開館した水族館。「四国の水景」をテーマに瀬戸内海エリア、太平洋エリア、清流・湖畔エリアなどに分かれており、鳴門海峡の渦潮を再現した水槽やアカシュモクザメの群れを下から見上げる水槽などがある。企画展、イルカプレイングタイムやアシカなどのフーディングタイム（給餌時間）なども行っている。

琴平海洋博物館（海の科学館） 仲多度郡琴平町

海上交通の神様として知られ「こんぴらさん」の名で親しまれている金刀比羅宮の参道脇に1966（昭和41）年に開館した。海と船をテーマに、見て・触れて楽しく学ぶことができる博物館として、人と海の歴史や船舶の機能、道具、金毘羅船をはじめさまざまな船の模型などを展示している。ラジコン船コーナーや動くブリッジ（操舵室）など操作できる展示物もあるほか、企画展も開催している。

マルキン醤油記念館 小豆郡小豆島町苗羽甲

丸金醤油の創業80周年を記念して、大正初期に建てられた工場の一つを改装して1987（昭和62）年に開館した記念館。建物は国内最大規模の合掌造り建築として国の登録有形文化財に指定されている。内部では醤油ができるまでの工程の紹介や大きな桶「大桶」をくり抜いたトンネル、醤油づくりの道具類、麹をつくる部屋である麹室などが展示されている。

鎌田共済会郷土博物館 坂出市本町

1925（大正14）年に開館し、香川に関する考古資料や郷土資料、坂出塩田を築いた久米通賢の関係資料など、国の重要文化財を含む約6万点の資料を収蔵している。現在の建物は図書館として建てられ、国の登録有形文化財でもある。展示室では古代の貨幣、久米通賢の製作した星眼鏡や弩などの器具、高松藩領内地図の実物大レプリカなどが展示されている。

名　字

◆地域の特徴

　香川県の名字の最大の特徴は、最多が全国で唯一、大西であることである。大西は全国順位では98位にすぎず、県別の名字ランキングをみても、宮崎県の黒木、沖縄県の比嘉とともに異彩を放っている。

　大西のルーツは県内にはなく、隣の阿波国三好郡大西（徳島県三好市）。清和源氏の小笠原氏の子孫とも、藤原姓で近藤氏の末裔ともいう。戦国時代、大西頼武は土佐北部から讃岐国豊田郡に及ぶ広い範囲に勢力を伸ばした。現在でも、岐阜から四国の間に集中しており、とくに香川県・徳島県・愛媛県の3県に多い。県内では西部に多く、平成の大合併前は多くの市町村で最多の名字だった。

　2位以下は、田中、山下、高橋、山本、森と続く四国では平均的な順位だが、7位の多田はユニーク。多田のルーツは摂津国河辺郡多田荘（兵庫県川西市）で、清和源氏の源頼光の子孫。現在は香川県東部から徳島県の北部にかけて集中しており、さぬき市と三木町で最多となっている。

名字ランキング（上位40位）

1	大西	11	木村	21	石川	31	宮本
2	田中	12	岡田	22	井上	32	矢野
3	山下	13	佐藤	23	近藤	33	橋本
4	高橋	14	吉田	24	池田	34	合田
5	山本	15	久保	25	安藤	35	山地
6	森	16	真鍋	26	林	36	藤井
7	多田	17	香川	27	高木	37	長尾
8	中村	18	藤田	28	藤本	38	秋山
9	松本	19	山田	29	宮武	39	三谷
10	三好	20	渡辺	30	佐々木	40	細川

10位の三好も徳島県の地名がルーツで、清和源氏小笠原氏の一族。現在は香川県と愛媛県に多い。

　16位真鍋、18位藤田、21位石川、34位合田などは愛媛県の東予地区と共通している名字で、県内では西部に多い。

　いかにも香川県らしい名字としては、17位香川、29位宮武がある。ただし、中世に香川で栄えた香川一族のルーツは香川県ではない。桓武平氏の一族が、相模国高座郡香川（神奈川県茅ヶ崎市香川）に住んで香川氏と名乗ったもので、のち鎌倉幕府の御家人となって各地に領地を得て全国に広がった。異説が多いため正確な系図は不明だが、安芸国（広島県）の香川一族が嫡流とされる。讃岐の香川一族は、南北朝時代に讃岐守護代となり、以来戦国時代まで讃岐の有力氏族として活躍した。

　宮武は全国ランキングで1,400位前後のメジャーな名字にもかかわらず、全国の半数弱が香川県にある。とくに丸亀市から琴平町にかけて集中している。

　41位以下では、90位香西、91位福家、98位十河などが独特。91位の福家は「ふけ」と読む香川県独特の難読名字。稲作に適した低湿地のことを「ふけ」といい、各地でいろいろな漢字をあてた。香川県では「福家」と書いたのが理由である。十河は「そごう」とも読み、十川と書くこともある。

　101位以下では、六車、宮脇、田尾、寒川が独特。六車は全国の半数以上が香川県にあり、県内では東かがわ市とさぬき市に集中している。寒川は地域によって読み方がきっぱりと分かれる名字で、香川県には「さんがわ」と読む地名があることから、ほぼ「さんがわ」である。「そうがわ」と読む地名のある和歌山県ではほぼ「そうがわ」と読み、両県の間にある徳島県では圧倒的に「かんがわ」と読む。そして、この3県以外には少ないのだが、それらの地域では「さむかわ」と読むことが多い。

● 地域による違い

　香川県の名字は東西で違っており、東讃地区の名字は徳島県と、西讃地区の名字は愛媛県の東予地方の名字と共通しているものが多い。

　高松市を中心とする中讃地区では、松本、山本、山下が多く、高松市では松本が最多。西に行くにつれて大西が増えてくる。塩田が広がっていたことから、塩田、塩入といった塩田に因む名字も多い。また、旧国分寺町では末沢、旧綾上町では萱原、旧仲南町では和泉と独特の名字が最多となっ

ていた。

西讃地区では大西と高橋が多く、三豊市では大西、観音寺市では高橋が最多。この他、藤田、石川、合田が目立つなど、愛媛県の東予地区と似ている。旧仁尾町では河田、旧詫間町で田尾が最多であるなど、独特の名字も多い。

東讃地区では多田が広がり、さぬき市と三木町で最多。東かがわ市では田中が最多で、木村や佐々木、六車も多い。旧寒川町（さぬき市）では広瀬、旧引田町（東かがわ市）では三谷が最多だった。

小豆島地区では、土庄町・小豆島町ともに山本が最多だが、合併前の旧池田町では藤本、旧内海町では高橋が最多だった。この他、土庄町では佐 伯（さいき/さえき）、三枝（さいぐさ）、小豆島町では真砂、黒島などが独特。

● 古代豪族の末裔

香川県阿野郡の古代豪族綾氏は日本武尊（やまとたけるのみこと）の子孫という古い一族である。現在でもこの付近には綾を始め、綾野、綾田など、「綾」の付く名字が多い。

平安末期、讃岐国司となった藤原家成と、綾大領貞宣の娘との間に生まれた章隆は羽床氏と改称、藤原一族の末裔でもあることから讃岐藤家ともいわれた。一族には新居氏・香西氏・福家氏などがある。

戦国大名の十河氏（そごう）も、三好長基の子一存が養子となったことから清和源氏を称しているが、本来は景行天皇の子孫という古代豪族の末裔である。第12代景行天皇の皇子で、日本武尊の弟にあたる神櫛王は、讃岐国に下って子孫は讃岐国造になったとされる。そして、室町時代には、植田氏、神内氏、三谷氏などともに植田党と呼ばれる同族集団を形成していた。室町時代になると植田党らの国人は守護細川氏の家臣となり、その中で頭角を現してきた十河一族が、三好氏と血縁関係を結んで一躍戦国大名となった。

◆ 香川県ならではの名字

◎ 萱原（かやはら）

讃岐国阿野郡羽床郷萱原（綾歌郡綾川町）をルーツとする名字で、現在も香川県の中讃地区に集中している。綾歌郡の旧綾上町（綾川町）では町内の最多名字だった。

◎ 藤目（ふじめ）

全国の半数以上が香川県にあり、高松市、さぬき市の旧志度町、観音寺市、三豊市の旧豊中町に集中している。観音寺市には藤目山があり、戦国時代

には藤目城があった。

◎三井

三井は全国的に「みつい」と読むが、香川県では西部を中心に「みい」と読み、県全体では7割強が「みい」である。讃岐国多度郡三井郷（多度津町）がルーツで、現在は三豊市の旧仁尾町に多い。

◆香川県にルーツのある名字

◎香西

讃岐国香川郡香西（高松市香西町）がルーツで、古代豪族綾氏の一族。承久の乱で新居資村が幕府方に属して功を挙げ、乱後綾部・香川の2郡を支配し、香西城を築城して香西氏を名乗った。その後は瀬戸内海にも勢力を広げ、鎌倉末期まで讃岐国最大の豪族であった。南北朝時代以降は細川氏に属し、洛中に常駐する上香西家と、讃岐の下香西家に分かれた。上香西家は細川氏とともに没落したが、下香西家は勝賀城（高松市）に拠って戦国大名となり、のち阿波の三好氏に属した。豊臣秀吉の四国征伐で滅亡、子孫は出雲に逃れた。

◎図師・図子

図面・地図を書いていた職業から生まれた職業由来の名字。関西から香川県にかけて広がる名字だが、図子は香川県に集中しており、全国の半数以上が香川県にある。とくに三豊市に集中している。

◆珍しい名字

◎天竺桂

坂出市にある名字。タブノキとはクスノキ科タブノキ属の常緑高木で、高さ10メートル以上にもなる巨木に成長する。漢字では通常「椨」と書くが、名字では「天竺桂」と書く。

◎米麦

湯桶読みの珍しい名字。香川県東かがわ市の白鳥地区にごくわずかのみある。米麦は穀類一般を指す言葉である。

〈難読名字クイズ解答〉
①いせ／②うた／③うつぎ／④えみこ／⑤かどりく／⑥かなづめ／⑦ことおか／⑧すけのぶ／⑨たぶのき／⑩のうす／⑪はしとみ／⑫へいたく／⑬もあい／⑭ゆのき／⑮ゆるえ

II

食の文化編

米／雑穀

地域の歴史的特徴

　香川県は、昔、高松藩、丸亀藩、多度津藩などからなる讃岐国の一部だった。讃岐国が置かれ、現在の坂出市に国府ができたのは7世紀である。稲作には水が必要だが、讃岐国は水源が乏しかった。讃岐国の国守（国司の長官）に任ぜられた道守朝臣は701（大宝元）年頃、かんがい用のため池として満濃池を築造した。

　1871（明治4）年の廃藩置県で高松県と丸亀県ができ、同年11月に了見が合併して香川県（第1次）が生まれた。

　1873（明治6）年には現在の徳島県を含めた名東県となり、1875（明治8）年には香川県（第2次）が分離した。しかし、1876（明治9）年には愛媛県に合併された。現在の香川県（第3次）ができたのは1888（明治21）年12月3日である。香川は「香りの川」に由来する。香川の奥山の樺川（河）に「樺の木」が生えており、そこから流れる川の水に樺の良い香りがのって流れていたためという。

　1988（昭和63）年には坂出市と岡山県倉敷市を結ぶ瀬戸大橋が本四架橋の第1号として開通した。これによって四国産農作物などの輸送経路が大きく変化した。

コメの概況

　水稲の作付面積、収穫量の全国順位はともに36位である。収穫量の多い市町村は、①高松市、②三豊市、③丸亀市、④観音寺市、⑤さぬき市、⑥綾川町、⑦まんのう町、⑧東かがわ市、⑨三木町、⑩善通寺市の順である。県内におけるシェアは、高松市21.6％、三豊市12.0％、丸亀市10.2％、観音寺市9.7％などで、上位3市で県全体の収穫量の4割を超えている。

　香川県における水稲の作付比率は、うるち米97.9％、もち米2.1％で、醸造用米の作付は農林統計では計上されていない。作付面積の全国シェア

をみると、うるち米は0.9％で全国順位が鳥取県と並んで36位、もち米は0.5％で愛媛県、高知県と並んで35位である。

知っておきたいコメの品種

うるち米

（必須銘柄）コシヒカリ、はえぬき、ヒノヒカリ

（選択銘柄）あきげしき、あきたこまち、おいでまい、オオセト、キヌヒカリ、さぬきよいまい、にこまる、ヒカリ新世紀、姫ごのみ

　うるち米の作付面積を品種別にみると、「コシヒカリ」（39.2％）と「ヒノヒカリ」（39.0％）が伯仲し、「おいでまい」（9.8％）が続いている。これら3品種が全体の88.0％を占めている。

- ●**コシヒカリ**　香川県では1977（昭和52）年から作付けが始まった。中讃産「コシヒカリ」の食味ランキングはAである。
- ●**ヒノヒカリ**　香川県では1993（平成5）年から作付けが始まった。中讃産「ヒノヒカリ」の食味ランキングはAである。
- ●**おいでまい**　香川県が「あわみのり」と「ほほえみ」を交配し2010（平成22）年に育成した。香川県オリジナルの温暖化対応品種である。玄米の粒は丸みがあり、粒揃いが良い。東讃・中讃・西讃産「おいでまい」の食味ランキングは2016（平成28）年産で特Aに返り咲いた。
- ●**キヌヒカリ**　香川県では1991（平成3）年から作付けが始まった。1993（平成5）年の東四国国体では国体米として人気が出た。
- ●**オオセト**　農水省（現在は農研機構）が「奈系212」と「コチカゼ」を交配し、1979（昭和54）年に育成した。倒伏しにくく、いもち病にも強い。主に酒米として京阪神方面を中心に出荷されている。

もち米

（必須銘柄）なし

（選択銘柄）クレナイモチ

　社団法人米穀安定供給確保支援機構の調査では、もち米の作付面積については品種別に把握できなかった。

醸造用米

（必須銘柄）なし
（選択銘柄）雄町、山田錦

知っておきたい雑穀

❶小麦

　小麦の作付面積、収穫量の全国順位はともに17位である。栽培品種は「さぬきの夢2009」などである。主産地は高松市、綾川町、丸亀市、さぬき市、三豊市などである。

❷はだか麦

　はだか麦の作付面積の全国シェアは16.7％で愛媛県、大分県に次いで全国3位である。収穫量のシェアは20.4％で愛媛県に次いで2位である。栽培品種は「イチバンボシ」などである。水田の裏作の基幹作物として、古くから県内各地で広く栽培されている。作付面積が広いのは①丸亀市（シェア20.1％）、②善通寺市（15.2％）、③まんのう町（12.3％）、④観音寺市（11.4％）、⑤高松市（9.5％）の順である。主にみそ、麦茶の原料や、白米に混ぜて麦ごはんの材料として使われている。

❸トウモロコシ（スイートコーン）

　トウモロコシの作付面積の全国順位は16位、収穫量は13位である。主産地は観音寺市、三豊市、善通寺市などである。

❹そば

　そばの作付面積、収穫量の全国順位はともに42位である。産地は綾川町、まんのう町、高松市などである。栽培品種は「常陸秋そば」「信州大そば」「祖谷在来」などである。

❺大豆

　大豆の作付面積の全国順位は41位、収穫量は40位である。産地は丸亀市、高松市、さぬき市、綾川町、善通寺市などである。栽培品種は「フクユタカ」「香川黒1号」などである。

❻小豆

　小豆の作付面積の全国順位は37位、収穫量は36位である。主産地は高松市、三豊市、綾川町、観音寺市などである。

- **香川用水**（香川県一円）　吉野川総合開発計画の一環として建設された多目的水路である。高知県に建設された早明浦ダムに貯えられた吉野川の水を、徳島県の池田ダムを通じて、香川県に導水する大がかりな事業である。香川用水事業の起工は1968（昭和43）年、通水を開始したのは1975（昭和50）年である。用水の総延長は106km。農業用水の受益面積は2万3,670haである。

- **香川用水記念公園水の資料館**（三豊市）　常設展示室では、「水系に見る讃岐の開拓」として、①土器川・金倉川水系と満濃池、②財田川・柞田川水系と豊稔池、の県内二大河川における開拓の歴史などを紹介している。「暮らしと水利技術コーナー」では、ため池の構造や、その築造技術が人々の暮らしに与えた影響などを解説している。

- **満濃池**（まんのう町）　香川県内には約1万6,000のため池があり、全国の約10％を占めている。貯水量1,540万m³、満水面積138.5haの満濃池はそのなかで、日本最大級のかんがい用のため池である。平安時代の821（弘仁12）年に、弘法大師空海が大池に改修した。1628（寛永5）年には生駒高俊の招きで、伊勢から西島八兵衛が来て満濃池の復旧などに努力した。受益面積は、善通寺市、丸亀市、まんのう町、多度津町、琴平町の5市町に広がる丸亀平野の3,200haである。

- **豊稔池**（観音寺市）　1926（大正15）年に、工学博士の佐野藤次郎の指導で着工し、1930（昭和5）年に完工した。堤長は128m、堤高は30.4mである。石積式マルチプルアーチ構造の堤体は国の重要文化財。農業用水の受益面積は530ha。地上30mの堤からの放水は、この地方に本格的な田植えの季節を告げる風物詩である。

- **国市池**（三豊市）　安土桃山時代の1597（慶長2）年に築造された。三豊市高瀬町の231haの農業用水源である。別格の満濃池以外では讃岐一の大きさとして当初は「国一池」と表記されていた。「国市池」と改記されたのは明治初期である。晩秋から冬にかけては珍しい野鳥が飛来してニュースになることが多い。

コメ・雑穀の特色ある料理

- **あんもち雑煮**　煮干しのだしに、ダイコン、ニンジン、あん入りの丸もちを入れ、煮えたら白みそで味付けする。江戸時代に、砂糖は、塩、綿とともに讃岐三白といわれ、讃岐（香川県）を代表する特産品だった。普段は口にすることができなかった砂糖を正月くらいはと、砂糖で甘くしたあんもちを雑煮にしたのが起こりという。

- **サワラ押し抜きずし**　瀬戸内海のサワラ料理の主役である。松、梅、四角、扇形などの木枠を使って、手で押さえて抜く。旬のサワラを使い、味付けした特産のソラ豆などを飾る。嫁がサワラを持って里帰りして、実家で押し抜きずしをつくり、これを婚家に持ち帰るしきたりがあった。祭りや法事でもつくられる。

- **カンカンずし**　大きな木枠とすし箱で作る押しずしである。くさび型の締め栓を木槌でカーン、カーンと打ち込み重石をかけることから名前が付いた。木枠は放り投げても壊れないため「ほったらずし」ともよばれる。母親が娘に伝える香川の代表的な郷土料理である。

- **イリコめし**　瀬戸内海で獲れるカタクチイワシをさっとゆでて乾かしたイリコと、季節の野菜を入れた炊き込みご飯である。田植えなどの農作業を地域の人たちが共同で行った昔は、これを大量に炊き、おにぎりにして出した。

コメと伝統文化の例

- **滝宮の念仏踊り**（綾川町）　滝宮神社と滝宮天満宮で、平安時代初期に讃岐の国司として赴任していた菅原道真が888（仁和4）年の大干ばつの際、7日間の断食の後、雨乞い祈願を行い、降りだした大雨に喜んだ人々が踊ったのが起源である。その後、法然上人が現在のかたちに振り付けを変えた。開催日は毎年8月25日。

- **綾子踊り**（まんのう町）　まんのう町佐文の加茂神社に奉納する綾子踊りは、干ばつ時に雨乞いの踊りとして行われる風流踊りの一つである。香川県は古くから水不足に悩み、ため池などを多く築造してきた歴史がある。昔、弘法大師が通りかかった際、村の綾という女性に雨乞いの踊りを教え、綾たちが踊ったところ滝のように降雨があったという言い伝

えに基づく。開催は隔年で、8月下旬〜9月上旬の日曜日。

- **仁尾竜まつり**（三豊市）　稲わらと青竹でつくった長さ35 m、重さ3トンの巨大竜が150人以上の担ぎ手によってまちを練り歩き、観客らが手桶やバケツで願いを込めて水を浴びせる雨乞いの祭りである。竜は3年に一度新調される。祭りの会場は三豊市仁尾支所周辺である。開催日は毎年8月の第1土曜日。
- **善通寺大会陽**（善通寺市）　その年の五穀豊穣を祈る法会を開く。2日目には、祈念した稲穂を五重塔から投下する稲穂投げ（ホナゲ）が行われる。この稲穂を種もみに混ぜて苗にすると豊作になるといわれる。力餅競技（大人の部、女性の部）、ちびっこ力餅大会なども催される。開催日は毎年2月の第4土曜日と日曜日。
- **長尾寺大会陽**（さぬき市）　五穀豊穣と国土安穏などを祈念する大法要が営まれ、福もちなどが本堂から投下される。その後、大鏡餅上下と台の三宝を合わせた約150 kgを持ち上げ歩いた距離を競う力もち運搬競技大会が行われる。競技は、100年以上前に黒岩という力士が、長尾寺の仁王様に祈念して境内の大きな石を持ち上げ、金剛力を授かったことが始まりである。開催日は毎年1月7日。

こなもの

讃岐うどん

地域の特色

　四国の北東部に位置する県である。南部は讃岐山脈、北部は讃岐平野が広がり、瀬戸内海に浮かぶ小豆島、塩飽諸島などの島々も香川県に含まれる。瀬戸内海の気候の影響を受けて、日照時間が長く、降水量は少ない。降水量が少ないために干害に見舞われることが多かったので、古い時代から治水工事が進められた。江戸時代になって治水工事や溜池が完成し、製塩のほか、サトウキビの栽培や製糖が進められた。砂糖では和菓子の甘味に欠かせない「讃岐三白」という特産品がある。

食の歴史と文化

　温暖な地域なのでサトウキビの栽培に適し、生産量も多くなり、日本の伝統的高級砂糖の「和三盆」が製造されるようになった。京都の和菓子には欠かせない。その後、享保12（1727）年に讃岐志度浦の平賀源内が中国から輸入した唐の白砂糖を参考に、讃岐で日本独特の方法で「三盆白」を作ることに成功した。これが「和三盆」のルーツといわれている。

　代表的な郷土料理の「讃岐うどん」は、独特な強い弾力（コシ）のある手打ちうどんであった。最近は、機械でも大量に作るようになり、チェーン店も増えている。讃岐では、善通寺生まれの弘法大師が、唐の都・長安（西安）で、うどんの作り方を習得し、帰国後郷里の農民の食糧不足を救済するためにうどんの作り方を広めたとの伝えがある。

　香川県や小豆島は、良質の小麦の産地だったのが、讃岐うどんや小豆島の手延べ素麺の製造を活発にし、有名になったといわれている。近年、外国産の小麦粉を利用した讃岐うどんは、純粋な讃岐うどんではないのではないかと、話題となったことがあった。

　小豆島や香川の「しょうゆ豆」は、干したそら豆を炒って、トウガラシと砂糖の入った醤油に漬け込んだもので、家庭の惣菜、酒のつまみとして

利用されている。四国八十八箇所の霊場を回っていたお遍路さんが、炒ったソラマメが醤油壷に落ちて味がついたことにヒントを得て作り出したといわれている。

だんご・まんじゅう類

①はげだんご

　小麦粉に水を加えて練り、熱湯に玉しゃもで掬って落としながら茹でる。湯からとりだして水気をとり、餡をまんべんなくまぶす。

　「はげだんご」の名の由来は、茹でただんごが、「つるりっとしただんご肌に、餡がくっつかず、まだらになる」からの意味と、はんげしょう（半夏生）に食べることに由来するとの意味もある。

　餡は小豆、ササゲ、ソラマメ、エンドウマメ、ぶどう豆などで作る。

②かいもち（三豊郡豊中町）

　サツマイモと米粉から作るだんごで、ご飯のたしにする。サツマイモを水で煮てしゃもじで潰し、これに米の粉を少しずつ入れて、弱火で煮て、だんごの硬さにする。この生地を丸め、黄な粉をまぶして食べる。

③かいもち（三豊詫間町）

　サツマイモを軟らかく煮つけ、煮えたら赤砂糖、小麦粉を混ぜて、火からおろす。ぺっとりしたイモを三角形にちぎって黄な粉をまぶして食べる。

　晩秋には、掘り上げたイモについて、大きいものは家の床下のイモ壺に籾殻を入れて保存する。

④かんころもち

　小さい形の整っていない屑サツマイモを輪切りにして乾燥させた「かんころ」を一晩水に浸けておき、すり鉢に入れ、すりこぎでよくたたき、ササゲと一緒にして軟らかくなるまで煮る。赤砂糖で味をつけ、三角にちぎっておやつとして食べる。

⑤しばもち

　初夏に、サルトリイバラの若葉で挟んだ粉もちである。生地はうるち米の粉ともち米の粉を合わせて作る。生地の中には小豆餡である。

⑥よむぎだんご

香川郡では「ヨモギ」を「ヨムギ」といい、雛の節句につくり雛壇に供えて祝う。よむぎだんごは、小麦粉を水で練り、この中に茹でてアクを除き、細かく刻んだヨモギを加えて緑色の生地を作る。

餡は小豆餡、ソラマメ餡を使う。甘味は白下糖＝赤砂糖（「たっこみ」）か赤砂糖よりも黄色の砂糖（「黄ざら」）を使う。

⑦石垣いも

小麦粉に少量の重曹を加え、甘味料として赤砂糖を加え、水を加えて生地を作る。この中に賽の目に切ったサツマイモを加えて蒸す。サツマイモが石垣のように突き出ていることから「石垣いも」の名がある。

⑧いもだんご

輪切りにしたサツマイモを軟らかく煮てから潰す。これにそば粉をふりこんで、とろ火で加熱して生地を作り、小豆餡で包んでだんごにし、黄な粉をまぶす。

お焼き・焼きおやつ・お好み焼き・たこ焼き類

①かーらもち

「かーら」という直径40cm ほどのほうろくで焼くので「かーらもち」の名がある。

小麦粉に塩、砂糖を混ぜ、水を加えて流動性のある生地を作り、かーらで焼く。食べるときは、適当な大きさに切り分ける。

麺類の特色

香川県のうどんは「讃岐うどん」として知られている。讃岐うどんの由来は、弘法大師が持ち帰った小麦の種子を彼の故郷の讃岐に蒔き、それ以来讃岐の小麦栽培が発展して、今日の讃岐うどんが誕生したと伝えられている。粉食文化の発展の由来とも推測されているが、単なる伝説としてとらえたほうがよいと考えられる。

江戸時代から、讃岐は良質の小麦の生産地として知られている。その理由は、気候が温暖で雨が少ないこと、土壌が小麦の栽培に適していること、塩田で良質の塩が作られていたこと、だしの煮干しの原料となるカタクチイワシは観音寺の沖合の伊吹島の沿岸で漁獲され、伊吹島で良質の煮干し

が作れることなどがあげられる。現在は、讃岐うどんの原料の小麦と同種の小麦がオーストラリアで栽培し、香川県に輸入されているという話も伝わっている。

讃岐うどんの特徴は、独特の弾力性（もちもち感、ぷりぷり感など）があることである。この理由は、構成するデンプンとしてアミロペクチンの含有量が多いことがあげられている。

小豆島は手延べ素麺の産地となったのは、オリーブ油、醤油などそうめんを作る油と汁用の醤油、周囲が海に囲まれているからだしの材料に不自由しないことがあげられる。さらに、慶長3（1598）年に、池田町の農家が副業として小麦の栽培をはじめ、良質の小麦がとれたことにある。

めんの郷土料理

①ぶっかけうどん

讃岐うどんの代表的食べ方である。高松市の郊外は、四国85番目の札所・八栗寺への参道沿いで、人の集まるところであると同時にうどん専門店も多い。ぶっかけうどんの発想は、造り酒家の店主が、自分の好みのうどんを食べたいという発想から生まれたらしい。客がめいめいのどんぶりに、うどんをとり、好みの具を選んで最後にうどん汁をかけて清算するという、今はやりのセルフサービススタイルの仕組みの店が出来上がったという。

②釜揚げうどん

茹でたげうどんと生卵をすばやく和え、この上にうどんの汁をかけた「かまたま」といわれる食べ方がある。

③醤油かけうどん

丼にうどんをとり、これに好みの具を載せてコンブと鰹節、煮干し（イリコ）でとっただし汁をベースとした醤油味の汁をかける。

④ドジョウうどん

「きりこみ」ともいう。短い手打ちうどんに具入りのうどん汁をかけたもの。汁のだしはフグ、エビ、イリコでとる。野菜はダイコン、サトイモなど。汁の味付けは味噌味。短い麺をドジョウにたとえて名付けたうどんである。

⑤肉うどん

一人用の小鍋にうどん玉、牛肉の薄切り、蒲鉾、ネギのぶつ切りなどをならべ、麺つゆをかけて煮込む。

⑥年明けうどん

「年越しそば」に対して、香川県の讃岐うどんの関係者が平成21（2009）年正月に設定したのが、「年明けうどん」である。讃岐うどんのメッカ香川県では古くから正月にはうどんを食べる習慣がある。「うどんは太くて長い」ことから「長寿」に繋がるとの縁起のある食べ物として食べられていた。

正月の「お目出度い」の意味を表すために、「年明けうどん」の具には赤いもの（赤い日の出蒲鉾、茹でたエビなど）を添えることが必須条件となっている。「年明けうどん」は、元旦から1月15日までの間に食べるものをいうことになっている。

⑦小豆島素麺（なすびそうめん）

「島そうめん」ともよんでいる。小豆島は冬の日照時間が長く、素麺の天日乾燥に適しているので、寒づくりが盛んである。油で炒めたナスを、イリコだし汁で煮込む。

⑧ドジョウそうめん

ドジョウ入りの素麺。泥を吐かせてドジョウを煮込み、湯が沸騰したら半分に折った素麺、具を入れて、味噌仕立てで煮込んだもの。

⑨打ちこみ汁

「切り込み」ともいう郷土料理。ワラビ、竹の子、サトイモ、ニンジン、ゴボウ、ジャガイモ、ナス、カボチャなどの野菜をたっぷり入れた煮込みうどん風の粉食である。小麦粉に水を加えて生地を作る。食塩を加えないで生地をまとめるのが特徴である。「ほうとう」や「すいとん」のように太く、短く切る。

⑩なすびそうめん（茄子そうめん）

讃岐の郷土料理で、夏に食べる。油で炒めたナスに、イリコ、トウガラシを入れて、醤油、砂糖で調味し、ナスが軟らかくなるまで煮込む。茹でたそうめんを加え、煮汁をしみこませる。主食または惣菜として利用する。

▶ 国産オリーブの97%を産出

くだもの

地勢と気候

　香川県は四国の北東部に位置し、南部には讃岐山脈が連なり、北部には讃岐平野が広がっている。北に望む瀬戸内海には、小豆島をはじめとする大小110余の島々が点在している。河川は流路延長が短く、降水量の少ないこともあって水量が少ないため、県内には多くのため池が築かれてきた。吉野川から水を取り込む香川用水が、ため池とともに耕地を潤している。

　このように香川県は降水量が少なく、県都・高松市の年降水量の平年値は、瀬戸内海沿岸部の県庁所在地では最も少ない。太平洋側の高知市の半分以下である。気温は高めであり、高松市では最も寒い1月の月平均気温は5℃以下にはならない。

知っておきたい果物

オリーブ　　オリーブの栽培面積は全国の60.0％、収穫量では96.6％を占めている。オリーブは香川県の県花、県木でもある。

　香川県は国産オリーブの発祥の地である。それは、1908（明治41）年に試験栽培した三重県、香川県、鹿児島県の3県のうち、小豆島に植えられた苗木だけが根付いたからである。

　栽培品種は「ミッション」「マンザニロ」などである。「ミッション」は漬物用とオイル用のどちらにも加工でき、小豆島で栽培しているオリーブの8割を占めている。「マンザニロ」は新漬けに用いられる。新漬けは、オリーブ緑果の渋を抜いたものを塩水で漬けたオリーブの漬物である。

　オリーブの主産地は小豆島の小豆島町、土庄町だが、近年は、高松市、多度津町、三豊市などにも広がっている。出荷時期は10月中旬～2月頃である。

　小豆島産のオリーブオイルはNPO法人小豆島オリーブ協会が「小豆島オリーブオイル」として地域ブランドの登録を行っている。「小豆島オリ

ーブオイル」は、小豆島と豊島を合わせた小豆郡内で栽培したオリーブから収穫された果実から採油し、添加物などを加えていないバージンオイルである。国産オリーブオイルのパイオニアとして各社が高品質オイルの生産を競っている。

カリン　カリンの栽培面積の全国順位は 4 位、収穫量は 3 位である。主産地は三豊市、まんのう町などである。

ビワ　ビワの栽培面積、収穫量の全国順位はともに 5 位である。主産地は高松市、三豊市、善通寺市、土庄町などである。

　土庄町の位置する小豆島では、約 120 年に及ぶ栽培の歴史があり、「茂木」を中心に、「田中」なども栽培している。出荷時期は 5 月下旬〜 7 月頃である。

ハッサク　ハッサクの栽培面積の全国順位は 5 位、収穫量は 8 位である。主産地は丸亀市、高松市、三豊市などである。

　丸亀市綾歌町の大原地区は、香川県を代表するハッサクの産地である。「紅ハッサク」などを栽培しており、竜王山にちなんだ「龍はっさく」として出荷されている。

ギンナン　ギンナンの栽培面積の全国順位は 29 位、収穫量は 6 位である。主産地はまんのう町、三豊市などである。

ネーブルオレンジ　ネーブルオレンジの栽培面積、収穫量の全国順位はともに 7 位である。主産地は高松市、三豊市で、坂出市、土庄町でも生産している。

桃　桃の栽培面積、収穫量の全国順位はともに 9 位である。栽培品種は「なつおとめ」などである。主産地は丸亀市、三豊市、高松市などである。出荷時期は 7 月下旬〜 8 月上旬頃である。

伊予カン　伊予カンの栽培面積の全国順位は 5 位、収穫量は 9 位である。主産地は坂出市、高松市、三豊市などである。

キウイ　キウイの栽培面積の全国順位は千葉県と並んで 10 位である。収穫量の全国順位も 10 位である。栽培品種は「香緑」などである。主産地は高松市、坂出市、善通寺市などである。出荷時期は 11 月上旬〜 3 月下旬頃である。

　「香緑」は、「ヘイワード」の偶発実生から育成され、香川県が 1987（昭和 62）年に品種登録したオリジナル品種である。香川県産のオリジナル

キウイとしては、「香緑」を母親にもつ「讃緑」、一口サイズの「香粋」、果肉が黄金色の「さぬきゴールド」などもある。

イチジク　イチジクの栽培面積、収穫量の全国順位はともに10位である。主産地は高松市、まんのう町、三豊市などである。出荷時期は7月上旬～11月下旬頃である。

レモン　レモンの栽培面積、収穫量の全国順位はともに11位である。栽培品種は「アレンユーレカ」などである。主産地は高松市、坂出市、土庄町、三豊市などである。

イチゴ　イチゴの作付面積の全国順位は17位、収穫量は12位である。主産地は観音寺市、三木町、綾川町、三豊市、高松市、丸亀市、東かがわ市、さぬき市などである。出荷時期は12月上旬～5月下旬頃である。「さぬき姫」は2000（平成12）年、香川県農業試験場が新しい品種として育成した。

ミカン　ミカンの栽培面積、収穫量の全国順位はともに12位である。主産地は三豊市、坂出市、高松市、観音寺市などである。出荷時期は9月～4月頃である。

高松市西部の中山町はハウスミカンの発祥の地である。ミカンは冬の定番の果物だったが、夏の出荷を目指し1975（昭和50）年頃からハウスミカンの栽培を始めた。

不知火　不知火の栽培面積の全国順位は10位、収穫量は15位である。主産地は高松市、坂出市、観音寺市などである。出荷時期は2月上旬～4月下旬頃である。

スモモ　スモモの栽培面積の全国順位は奈良県と並んで21位である。収穫量の全国順位は18位である。主産地は小豆島町などである。5月～7月頃に京阪神や香川県内に出荷している。

1934（昭和9）年に植物学者の八代田貫一郎が小豆島へ「メスレー」を持ち込んだことが小豆島での栽培のきっかけになった。

ブドウ　ブドウの栽培面積の全国順位は20位、収穫量は23位である。栽培品種は「翠峰」「シャインマスカット」などである。主産地は三豊市、多度津町、高松市、さぬき市、綾川町などである。出荷時期は7月上旬～9月下旬頃で、品種によって異なる。

カキ　カキの栽培面積の全国順位は京都府と並んで27位である。収穫量の全国順位は23位である。主産地は綾川町、高松市、三豊市などである。「富有」の出荷時期は10月下旬〜12月下旬頃である。

クリ　クリの栽培面積の全国順位は42位、収穫量は45位である。主産地はまんのう町、高松市、さぬき市、三豊市などである。

日本ナシ　日本ナシの栽培面積の全国順位は43位、収穫量は45位である。主産地は観音寺市で、丸亀市、坂出市、高松市などでも生産している。品種は「幸水」「豊水」「二十世紀」「あきづき」「新高」などである。出荷時期は8月上旬〜10月下旬頃である。

ウメ　ウメの栽培面積の全国順位は46位、収穫量は45位である。収穫時期は、「甲州最小」「信濃小梅」が5月下旬、「月世界」が6月上旬〜6月中旬、「南高」が6月下旬である。

地元が提案する食べ方の例

オリーブピラフ（香川県）

材料は冷ごはん、オリーブの塩漬け、オリーブ油、金時ニンジン、タマネギ、ピーマン、卵など。卵はいり卵にする。オリーブの実は輪切りにして上に盛り付ける。

苺と豆腐のババロア（香川県）

裏ごししたイチゴ、溶かしたゼラチン、レモン汁、豆腐、クリームチーズ、ヨーグルトなどを混ぜる。砕いたクッキーを器の底に敷いて流し込み、冷蔵庫で冷し、固める。

キウイの肉巻き揚げ（香川県）

皮をむいたキウイを豚ロース肉で巻いて揚げる。肉が小さい場合は2枚使う。半分に切って盛り付け、付け合わせにレタス、ミニトマトなど。オーロラソースで食べる。

白菜とみかんの白あえ（香川県）

材料は白菜、ミカン、豆腐、白ごまである。ミカンはひょうのうを取る。缶詰でもよい。白菜は醤油で下味をつける。豆腐は巻きすで巻いて水を切り、布巾で軽く絞る。

柿のみぞれあえ（香川県）

材料はカキ、スダチ、ダイコン、本シメジ、三杯酢などである。カキは

皮、種、ヘタを取って短冊切り、スダチは皮を薄くむいて千切りに。本シメジはゆでる。

消費者向け取り組み

県推奨のオリジナル品種

- さぬき讃フルーツ　県オリジナル品種を中心とした果物で、県が認定した生産者が栽培し、一定の品質基準を満たしたものを推奨。対象品目（カッコ内は品種）は次のとおり。
〔オリジナル〕温州ミカン（小原紅早生）、キウイ（香緑、さぬきゴールド、香粋、さぬきエンジェルスイート、さぬきキウイっこ）、イチゴ（さぬきひめ）
〔一般〕ブドウ（シャインマスカット、ピオーネ）、桃（白鳳・白桃系品種）、ナシ（幸水、豊水）

果物の博物館など

- オリーブ記念館　小豆島町
- 小豆島オリーブ公園　小豆島町
- 飯山のもも直売所　JA香川県坂本撰果場、シーズンのみ

魚　食

地域の特性

　四国地方の北東部に位置し、海岸線のある地域は、瀬戸内海に張り出した形となっている。小豆島や瀬戸内海中央部、備讃瀬戸の西部に散在する塩飽諸島も香川県に属する。香川の名の由来は、ケヤキの古木が川に落ちて木の香りを発散させたことによるといわれている。その川の名も「香東川」と名付けられている。江戸中期頃から坂出などに塩田をつくった。第二次大戦後は、塩田は魚の養殖池などに利用された。この県の南部には讃岐山脈が走り、北部には讃岐平野が広がっている。水産業よりも農業の発達している県で、讃岐うどんの原料となる良質の小麦の生産地である。

魚食の歴史と文化

　香川県の食文化としてあげられるのは、讃岐うどんである。現在では違和感のないセルフサービスは、古くから香川県の讃岐うどん店での注文法であり食べ方である。うどん文化の香川県が県の魚と指定したのがハマチである。その理由は、香川県がハマチ養殖の発祥の地であり、ハマチ養殖は全国の9％以上を占め、生産量が全国第4位であり、ハマチは香川県の基幹魚種であるからということである。香川県のハマチ養殖は、昭和の初めから行っている。後に天然の入江を築堤で仕切ったり支柱式金網で仕切るなどして、大々的なハマチ養殖へと展開してきている。

　伊吹島は煮干しの名産地として知られているのは、漁業者が自らカタクチイワシを漁獲し、自ら加工まで行うので、品質のよい煮干しを製造していることにある。小エビ（サルエビ、アカエビ、トラエビなど）も漁獲から干しえびまでの製造を漁業者自ら行っているので、評価の高い製品を製造している。

地域の魚介類

早春には、瀬戸内海に面している各県に共通しているようにイイダコ・イカナゴ・サヨリ・メバル・サワラ・アナゴ・マダイが美味しい季節であり、ワカメの採集が始まる。夏にはシャコやオコゼの漁獲量が増え、初秋からはマイワシ・マサバが美味しくなる。冬の海の幸としてはフグ・ヒラメ・小エビが目に付く。ノリ・マダイ・ヒラメ・カキが養殖され、海面漁業ではカタクチイワシ・イカナゴ・シラス・カレイ・サワラ・クロダイが中心となっている。

川魚には、灌漑用の沼が多いので、ドジョウ・コイ・フナが生息している。

香川県の注目されている魚介類には、タケノコメバル、ナシフグ（讃岐でんぷく）、ハマチ（直島ハマチ）、ブリ（ひけたブリ）、マナガツオ、サワラ、イワシ（伊吹）、タイラギ（備讃瀬戸）、ノリ（初摘み香川産ノリ）、ハマチ（オリーブハマチ）などがある。

伝統食品・郷土料理

①サワラの料理
● さわらずし　麦飯前のサワラ料理といわれている。5月のサワラは刺身、茶漬け、塩焼き、照り焼きがある。5月には、瀬戸内海に面した家庭のどこでも作るのが、サワラを使った散らしずしや押しずし。

②イカナゴ料理
● イカナゴ料理　香川沖で獲れたイカナゴの稚魚を酢醤油や酢味噌和えにして食べるほか、佃煮や煮干しの加工品もある。
● イカナゴの棒炒り　香川の郷土料理。イカナゴを醤油、味醂、砂糖、ショウガで汁がなくなるまで煮詰めた佃煮。

③マダイの料理
● 鳴門マダイの蒸しもの　腹に胎卵を入れたまま蒸しものにする。

④魚せんべい
観音寺名物。塩ゆでのシャコ・イカナゴ・小エビ・ちりめんじゃこ・小イカなどに、かたくり粉・卵白・青のりをつけて焼いたものである。

⑤魚料理

- **魚飯**（うおめし）　スズキの小魚、クロダイなどの内臓を除き、季節の野菜と合わせて炊き込んだもの。坂出市ではたい飯、志度町ではぼら飯などの漁師料理。
- **ぽっかけ**　煮干しのだし汁でクロダイやボラ、サバなどをニンジン、ダイコン、シイタケ、豆腐などと煮込み、これを温かいご飯にかけて食べる。

⑥タコ料理

- **芋たこ**　タコとサトイモを砂糖、味醂、醤油で煮込んだもの。東讃岐地方の婚礼の食べ物。

⑦フナ料理

- **ふな豆**　内臓、鱗をつけたままフナを焼き、ダイズの中に埋め、ひたひたの水で1日かけて煮込む。昆布、薄切りショウガ、砂糖、醤油で調味する。

肉　食

肉うどん

▼高松市の1世帯当たりの食肉購入量の変化（g）

年度	生鮮肉	牛肉	豚肉	鶏肉	その他の肉
2001	38,638	10,488	13,241	11,400	1,765
2006	36,499	8,222	12,914	11,944	1,732
2011	42,653	7,921	15,241	13,937	1,247

　香川県の県域は、瀬戸内海に面し、海上には小豆島、塩飽諸島などの島々も擁している。山側には讃岐山脈、海側には讃岐平野があり、ウシ・ブタ・鶏の育成に適している。家畜の銘柄では、讃岐牛・讃岐夢豚・讃岐コーチンが有名で、「讃岐三畜」とよばれている。讃岐うどんを有名にした小麦の生産、温暖な気候を利用した野菜の栽培は、畜産の飼料にも役立っている。

　香川県は、四国地方の北東部に位置し、一部は瀬戸内海に張り出し、瀬戸内海の小豆島、塩飽諸島などの島々も香川県域になる。最近、この島々の周辺での魚介類が、地域活性に使われている。江戸時代中期以降、坂出などの塩田で、西讃岐の綿作、向山周慶の尽力によるサトウキビの栽培・製糖が発展し、塩・綿・砂糖は「讃岐三白」と称された。サトウキビからは高級砂糖の「和三盆」がつくられ、京の和菓子の甘味料として欠かせなくなっている。香川は小麦の産地であるから名物は讃岐うどん、小豆島の手延べそうめんのような小麦製品がある。畜産では、讃岐牛・讃岐夢豚・讃岐コーチンをまとめて「讃岐三畜」が銘柄畜産物となっている。

　めん類、砂糖類、食塩、綿などの農作物の産業について香川県が支援し、東京・新橋に他の四国内の県と合同のアンテナショップを展開している。瀬戸内海に面しているので、瀬戸内海の魚介類を、加工品として地域活性に頑張っている。

　食肉志向からいうと、高松市は牛肉志向であるが、牛肉の購入量は徳島市の購入量と似ている。

　2001年度、2006年度、2011年度の「家計調査」によると、徳島市の牛

肉の購入量に比べればやや少ないが、各年度の購入量を比較するとわずかに少なくなっている。

豚肉について徳島市の購入量（1とし）と高松市の購入量の割合を計算すると、2001年度は1.1、2006年度は0.9、2011年度は1.1となっている。購入量はほぼ同じである。

生鮮肉の購入量に対する各食肉の購入量の割合を算出すると、牛肉では2001年度＞2006年度＞2011年度の順になる。この傾向はほとんどの県についてみられる。2006年度は牛肉の購入を避ける社会問題があったのかと調べてみたが明らかでない。高松市の1世帯当たりの各年度の豚肉と鶏肉の購入量については徳島市と似た傾向がみられる。高松市の生鮮肉に対する牛肉の購入量の割合は、豚肉や鶏肉に比べれば少ない。

知っておきたい牛肉と郷土料理

銘柄牛の種類

❶讃岐牛

讃岐牛の肥育は、明治時代に小豆島での黒毛和種から始まったと伝えられている。小豆島で肥育したウシは、大正時代初期に京阪神地方では「讃岐牛」の名で評判がよかった。瀬戸内海で醸し出された豊かな気候風土はストレスも無く、讃岐地域や小豆島の讃岐牛の健康な育成によい環境を与えている。生育したウシの肉質は風味がよく、軟らかく、口腔内でもよい食感を与えてくれるようになった。ジューシーでとろけるようであると評価されている。香川県内で肥育された血統明確な黒毛和種で、枝肉の格付けがA、Bの4等級以上（金ラベル）であるという条件もある。ただし、A、Bの3等級は銀ラベルに格付けされる。讃岐牛の中でも、飼料の一部にオリーブからオリーブ油を調整した後の搾りかすをを乾燥し、苦味のない飼料として与えている特別な讃岐牛もある。

❷オリーブ牛

黒毛和種。小豆島はオリーブの生産地として知られている。そのオリーブの果実（種子も含む）から調製したオリーブ油の脂肪酸はオレイン酸を主成分とし、人間の健康づくりにも役立つ油である。オリーブ油を含む果実の乾燥物を飼料に給与して育成したウシが「オリーブ牛」である。小豆

島の讃岐の牛（黒毛和種）の品質を守りながら、より一層品質のよい肉質をもっている。ブランド推進主体は、讃岐牛同様に「讃岐三畜銘柄化推進協議会」で、香川県産の黒毛和種でなければならない。

牛肉料理　　讃岐うどんとコラボレーションし、地産地消を目的とした「オリーブ牛肉うどん」がある。地域活性のために考案した「肉うどん」である。

- **オリーブ牛肉うどん**　讃岐牛・オリーブ牛振興会がオリーブ牛の消費拡大をはかるために、地域食材との連携による郷土料理の創出として、うどん専門店も参加して「オリーブ牛肉うどん」を開発した。オリーブ牛をすき焼き風に煮込み、うどんにのせる。
- **レトルトカレー**　オリーブ牛や讃岐牛を具としたレトルトのカレーが市販されている。その他に讃岐夢豚、讃岐コーチンを具にしたレトルトカレーも市販している。
- **肉うどん**　香川県の名物は、コシのある讃岐うどんであるが、正月には「肉うどん」を食べる習慣がある。定番の「讃岐うどん」の「ぶっかけ」に甘く味付けした牛肉をのせ、さらにたっぷりの薬味（刻みネギ）をのせたものである。薬味のほかに蒲鉾や油揚げなどをのせる場合もある。讃岐うどんの店の「肉うどん」の看板も大きく目立つが、正月には行列ができる。

知っておきたい豚肉と郷土料理

銘柄豚の種類

❶讃岐夢豚

　品種はバークシャー種の血液が50％以上遺伝しているもの。讃岐夢豚普及推進協議会が管理。大麦を加え、上等な肉質の豚肉。脂肪は白く甘味がある。この銘柄豚の開発が取り組まれたのは1994（平成6）年のことである。イギリスから肉質の最も良いといわれるバークシャー種（黒豚）を導入し、香川県の畜産試験場で開発した。1998（平成10）年に、このブタを「讃岐黒豚」として普及しようと協議会を設立したが、農水省から、黒豚とよばれるのは純粋な黒豚（バークシャー種）のみであるとの指導があり、「讃岐夢豚」の名に改めて普及活動をスタートした。

讃岐夢豚は、バークシャー種50％以上のブタであり、純粋に黒豚だけなら「讃岐黒豚」とよぶことになっている。肉質の脂肪は真っ白で甘みがあり、軟らかく、うま味も十分に存在すると評価されている。飼料には麦類も給与する。一般のブタの飼育期間が6か月であるのに対し、讃岐夢豚は約7か月間飼育する。

❷産直コープ「讃岐もち豚」

　生協（コープかがわ）が「もち豚」を独自に開発し「コープ讃岐もち豚」として販売している。販売のスタイルは焼肉用、とんかつ用など用途別に大きさや厚さを調製して販売している。

豚肉料理

- **肉うどん**　讃岐うどんには牛肉ものせるが、甘みのある豚肉をのせる店もある。
- **ハンバーグ**　讃岐夢豚のハンバーグは、一般の豚肉のハンバーグよりも美味しいと評価され、贈答品にも作っている。
- **小豆島の焼き豚**　小豆島の精肉店が開発した焼き豚で、小豆島の醬油で煮るために、醬油の香りが加わることで、より一層美味しい焼き豚を作り上げている。
- **小豆島の煮豚**　小豆島の醬油を使った調味液で煮た豚肉は、脂身がとろりとして人気である。

知っておきたい鶏肉と郷土料理

❶讃岐コーチン

　讃岐三畜のひとつ。1993（平成5）年に、中国産の「コーチン」を素材にし、畜産試験場で誕生したのが「讃岐コーチン」。讃岐コーチンは温和な性格で、飼育しやすい大型の鶏である。コーチンの血統を受け継いでいるから毛色は赤褐色である。肉質は適度な歯ごたえがあり、コクもある。脂質含有量は比較的少ない。ビタミンB$_1$、リノール酸に富む肉質である。

❷讃岐赤どり

　（ロードアイランドレッドの雄）×（ロードアイランドレッドの雌とロードサセックスの雌）の交配種。㈲カワフジが独自に配合した飼料で、75日間飼育した鶏。四季を通し気候温暖な明るい瀬戸内海の環境を受けたと

ころで平飼いしている。

❸地鶏瀬戸赤どり

　温暖な瀬戸内海のストレスがない環境でのびのびと飼育した讃岐の地鶏である。飼育日数は約85日とブロイラーに比べれば長い期間の飼育なので、締まりのあるうま味に深みがある。地鶏瀬戸赤どりは、体毛、羽毛が赤褐色のロードアイランドレッド種を源として、厳しい衛生管理のもとにじっくりと飼育、改良して誕生。

- **骨付鳥の炭火焼**　鶏のももの部分を塩やスパイスで調味して、炭火で焼き、大きいまま皿にのせて提供。地元の人が薦める鶏料理の一つ。硬いのでよく噛む。よく噛むからうま味が口腔内に広がり、居酒屋での酒の肴として人気である。親鶏の半身を使ったもの、雛鶏を丸ごとまたは半身を使ったものもある。

知っておきたいその他の肉と郷土料理・ジビエ料理

　野生の鳥獣類による山林の樹木、農作物の被害の防止については、香川県も対策を講じている。香川県の猟友会は野生の鳥獣類の生態や利用に至るまでの情報把握のためにフォーラムを計画したこともあった。いずれにしろ、野生の有害鳥獣類を捕獲し、食材としての利用を、県だけでなく、日本料理、フランス料理、イタリア料理の専門家も考え、いろいろなメニューが提供されている。猟師が減少したことによる捕獲の難しさ、野生の鳥獣類の衛生面の問題、臭みの問題などが、ジビエ料理普及の壁となっている。

- **兎肉入りおみいさん**　「味噌入り雑炊」のことで、徳島県では庶民の食べものである。徳島県以外では、香川県の讃岐山脈の地域と兵庫県の加古川で食べられる。香川県の「おみいさん」の特徴は、具にウサギの肉を使っていることである。
- **しっぽく（卓袱）そば（ウサギ）**　かけそばにさまざまな具をのせたもの。香川ではしっぽくうどんもある。店によっては、しっぽくそばもしっぽくうどんも提供しているが、具はそれぞれの店によって異なりさまざまである。その中に味付けしたウサギ肉をのせている店もある。具には玉子焼き、蒲鉾、味付けシイタケ、クワイなどを使う。
- **しっぽくうどん**　具だくさんのうどん。讃岐地方では冬至や大晦日に食

べられた。イリコのだし汁に、里芋や大根、ニンジン、椎茸などの野菜や、油揚げ、豆腐を加えて、温めたうどんにたっぷり掛け、ネギや春菊を添える。ウサギや柏（鶏肉）が入るとご馳走になる。

- **ぼっかけ**　汁掛けご飯。温暖な讃岐でも冬場は体が温まる"ぼっかけ"がよく食べられた。その昔、新鮮な魚が入手できない山間の地では、ウサギの肉が使われた。イリコのだし汁に、大根やニンジン、椎茸、豆腐、筒切りにしたサバやボラ、チヌを入れ、山間ではウサギの肉を入れて、醤油と塩で味を整え、ネギを入れて熱々のご飯の上にたっぷり掛けていただく郷土料理。

地　鶏

▼高松市の 1 世帯当たり年間鶏肉・鶏卵購入量

種　　類	生鮮肉（g）	鶏肉（g）	やきとり（円）	鶏卵（g）
2000 年	40,582	11,182	1,152	33,775
2005 年	38,334	11,942	2,098	29,307
2010 年	41,162	14,292	1,082	28,192

　香川県の畜産関係では、讃岐牛・讃岐夢豚・讃岐コーチンを、「讃岐三畜」といわれているほど、畜産関係にも力を入れている。讃岐牛は、香川県産の黒毛和牛を、瀬戸内海の暖かな風土の中でのびのびと飼育したもので、美味しい霜降り肉が形成されている。讃岐夢豚は、肉質のよいバークシャー種をイギリスから導入し、香川県畜産試験場が開発したものである。脂肪は白くて甘味があり、肉質はやわらかい。讃岐コーチンは、中国原産のコーチンをもとに、香川県畜産試験場が開発したものである。低脂肪・低カロリーのヘルシー鶏肉として知られている。

　讃岐コーチンのほかの香川県の地鶏・銘柄鳥には、愛菜鶏（あいさいどり）・こだわりチキン・瀬戸味わいどり（生産者：三栄ブロイラー販売）、阿波の地どり（生産者：まるほ食品）などがある。三栄ブロイラー販売は、それぞれのブランド鶏の飼料を特徴づけて飼育している。

　2000 年、2005 年、2010 年の高松市の 1 世帯当たりの生鮮肉の購入量は、2005 年のそれが、2000 年と 2010 年に比べると少ない。高松市の家庭の生鮮肉の購入量は、松山市の家庭より少ないが、その他の県庁所在地の家庭の生鮮肉の購入量とは大差がない。高松市の 1 世帯当たりの鶏肉の購入量は 2000 年よりも 2005 年、2005 年よりも 2010 年と増えている。

　高松市の 1 世帯当たりの鶏卵の購入量は 2000 年から 2005 年、そして 2010 年へと減少している。畜産が盛んな地域であるけれどもやきとりの購入金額は少ない。

- **釜玉うどん** 讃岐うどんのメニューの一つで、茹で上げたばかりのうどんに、生卵をからめ、だし醤油をかけて、小口切りの細ねぎを散らして食べる。うどんの熱で半熟になった卵が格別。うどんの消費量日本一の県ならではの料理。香川では大晦日に「太く長く（健康長寿）」を願って"年越しそば"ならぬ"年越しうどん"を食べる習慣がある。また、2009（平成21）年には"年明けうどん"も提唱されている。

- **たまごのてんぷら** 讃岐うどんのお店で人気の具で、半熟卵に衣を付けて油で揚げる。

- **きも玉焼き** 高松市、讃岐地方のお好み焼きで、鳥レバーと半熟卵が特徴。特製ソースを塗って食べるが、青のりは使わない。

- **しっぽくうどん** 讃岐の秋冬の代表的な郷土料理。茹でたうどんの上に、鶏肉や季節の野菜などを煮込んだ汁を掛ける。

- **骨付鳥** 丸亀市周辺で提供される鶏料理。塩で味を付けた骨付きの鶏もも肉をオーブンで焼いた名物料理で、皮はぱりっと香ばしく焼け、肉汁があふれジューシーに仕上がっている。深い味わいのコクと歯ごたえが楽しめる"親鳥"と、やわらかくジューシーで食べやすい"ひな鳥"が選べる。

- **雪の朝** 丸亀の郷土料理。水気を絞った大根おろしを醤油と酢で味を付け、中央をくりぬき、そこへ卵を割り入れて提供される。食べるときに混ぜ合わせていただく。明治末期に生まれた。

地　鶏

- **地鶏瀬戸赤どり** 体重：雄平均3,500g、雌平均3,300g。植物性原料のみの専用飼料にハーブを配合。肉色は透明感あふれる美しいほのかな桜色で、脂肪は純白に近い色合い。美しい高品質な鶏肉。平飼いで飼養期間は80日。ロードアイランドレッドを交配。カワフジが生産する。

- **讃岐コーチン** 体重：雄平均3,300g、雌平均2,700g。香川を代表するおいしいブランド"讃岐三畜（讃岐牛、讃岐夢豚）"の一つ。中国のコーチンを香川で改良した香川エーコク、この血統を引き継いだ鶏を県畜産試験場が交配して作出。コーチン譲りの優れた肉質と心地よい歯ごたえ、

そしてコクに富み、低脂肪、低カロリー。健康維持に不可欠なビタミンB₁、リノール酸が多く含まれている。平飼いで飼養期間は80日以上。讃岐コーチン生産組合が生産する。

銘柄鶏

- **讃岐赤どり**　体重：雄平均3,400g、雌平均3,300g。四季を通じて温暖で少雨、気候温和な明るい瀬戸内の気候の中で専用飼料を与えて育てあげたヘルシーな赤どり。肉は旨味成分を十分に閉じ込めた上質な歯ごたえがあり、高タンパク、低脂肪、低カロリーな鶏肉。平飼いで飼養期間は75日。ロードアイランドレッドの雄に、ロードアイランドレッドとロードサセックスを交配した雌を掛け合わせた。カワフジが生産する。

たまご

- **健21**　すこやか21。卵の殻一つひとつに賞味期限と生産農場名を天然色素で印字してあるので安心できる卵。サルモネラワクチンだけでなく、専用飼料にはプロバイオティクス技術を使ったノーサンヘルシースイートを加えて二重三重のサルモネラ対策をしている。また、香川県産の孟宗竹の「竹酢液」と「竹炭」の配合により美味しい卵になる。四国ノーサンエッグが生産する。
- **カマタマーレ応援たまご**　JFL所属の香川県のサッカーチーム「カマタマーレ讃岐」を応援する卵。専用飼料に小豆島産のオリーブの葉の粉末を使った地産地消の卵。売り上げの一部はチーム強化費に使用される。また、いろいろなキャンペーンも行われる。四国ノーサンエッグが生産する。

ホトトギス、杜鵑（カッコウ科） 英名 Little Cuckoo。英名も体格と鳴き声から付けられており、小さなカッコーの意味。夏鳥。"ほととぎす"の名は、鳴き声に由来する。今は"テッペンカケタカ"と鳴くとされているが、昔の人は"ホットッホトトギ"とか"ホットットキトキ"と聞き、それがつまり"ホトトギ"となり、鳥を意味する"ス"が付いたといわれる。古くから歌や詩に多く詠まれている。香川県内に広く棲息し、繁殖している。

汁　物

汁物と地域の食文化

　香川県の代表的郷土料理の「讃岐うどん」を県民食といえるほど、香川県民はうどんを愛し、食べるといえる。香川県の「木」はオリーブである。小豆島は気候温暖で風水の見舞われることなくオリーブの実、オリーブ油の生産量が多い。オリーブは、1908（明治41）年に日本で初めて、国内数か所（三重・香川・鹿児島）に植えられたが、現在は小豆島のみが栽培に力を入れている。食用油の中で美味しく、1990年代（平成2〜11年）に日本中でもイタリア料理が人気になってから、オリーブ油の利用が普及している。

　県民食となっている讃岐うどんを利用した汁物は、「打ち込み汁」といわれている。野菜を入れた煮込みうどん風の粉食である。かけうどんとだんご汁の中間のような郷土料理である。

　小豆島の郷土料理の醤油豆は、家庭のおかず、酒の肴、お茶漬けに使われる。小豆島の伊喜末八幡の秋祭りはブドウ豆を炊きこんだ粥を作る。香川県の瀬戸内海に属する島々では、茶粥が残っている。雑魚は焼き干しを入れ、イカナゴ（煮干し）のダシとイカナゴ醤油で味付けたものが多い。

　秋の農作業の後で、水田の「よけ」というところに集まるドジョウを捕らえ、大鍋で作る「どじょう汁」は、農作業の疲れを癒す料理だった。ドジョウのほかに秋ナス、ゴボウ、サトイモを入れ、味噌仕立ての鍋のような汁物である。

汁物の種類と特色

　香川県の代表的郷土料理の「讃岐うどん」。香川県民の県民食ともいわれるほど、毎日食べる人が多いし、もてなしにうどん店を利用する場合もある。讃岐うどんを食べるには醤油やだし汁が必要である。郷土料理の「てっぱい」は、フナとダイコンの酢味噌和えなので、味噌を使い、小豆島の

「しょうゆ豆」作りや素麺を食べるときの麺つゆには醤油が必要である。

　香川県の郷土料理は作るにも食べるにも醤油の利用が多いと思われる。野菜を入れた煮込みうどん風の粉食の「打ち込み汁」、秋口から食べる機会が多くなる「うどん（しっぽく）」は季節の野菜を汁とともに煮込み、茹でたうどんにかけたものである。田植えの前後に川やため池から獲ってきたドジョウと野菜、太めのうどんを大鍋で煮込んだのが「どじょう汁」である。魚のウシノシタ（舌平目）のすり身を入れた味噌汁が「げた（ウシノシタの意味）の団子汁」である。ジャガイモ（地方名「にどいも」）を擦りおろしたデンプンで作った団子を入れた味噌汁が「にどいものだんご汁」である。

　その他、白味噌仕立ての「あんもち雑煮」、地産地消を目的としてイギスを使った「海藻汁」、月菜を使った「香川野菜汁」がある。

食塩・醤油・味噌の特徴

❶食塩の特徴

　土器製塩の遺跡から、香川県では弥生時代には土器製塩の技術が成立していたと推測されている。江戸時代には土州塩田での塩の生産量が多かった。

❷醤油の特徴

　香川県は、古くから醤油の原料となる食塩が豊富で、良質の大豆と小麦の栽培と収穫に恵まれている。気温が温暖なところなので醤油の醸造に適している。江戸時代からの醤油づくりは、小豆島の「ヤマクロ醤油」である。伝統的な濃口醤油だけでなく、その時代のニーズに合う使いやすい調味醤油も作っている。讃岐うどんに合うだし醤油も流通している。

❸味噌の特徴

　香川の白味噌は正月の雑煮に欠かせない。

1992年度・2012年度の食塩・醤油・味噌の購入量

▼高松市の1世帯当たり食塩・醤油・味噌購入量（1992 年度・2012 年度）

年度	食塩（g）	醤油（mℓ）	味噌（g）
1992	2,246	11,893	6,142
2012	1,872	8,308	4,634

食塩	醤油	味噌
83.3	69.8	75.7

　1992年度も2012年度も高松市の1世帯当たりの食塩・醤油の購入量は概して、四国地方の他の県庁所在地の購入量より多い。とくに、2012年度の高松市の醤油の購入量は1992年度の購入量に比べれば減少しているが、四国地方の他の県庁所在地に比べて非常に多い。

　味噌については四国地方の県庁所在地の中では少ない。

　麺つゆは、家庭でつくる機会は減少し、市販のだし醤油や麺つゆの利用が多くなっているものと思われる。

地域の主な食材と汁物

　気候温暖で、風水害に見舞われることなく住みやすいといわれている香川県も、過去には干ばつとの戦いがあり、コメの栽培が困難で、僅かなくず米や砕け米を利用していた。その裏作として成功したのが小麦の栽培である。祝い膳には麦甘酒、小麦団子やうどんを供するようになった。

　「讃岐うどん」や小豆島の素麺など、香川県の食文化は小麦粉文化のイメージがあるが、小豆島でのオリーブの植栽は、ヨーロッパで使用しているオリーブ油を日本でも容易に入手でき、利用できることに貢献している。

主な食材

❶伝統野菜・地野菜

　さぬき長莢（讃岐のソラマメ）、金時ニンジン、さぬきしろうり、香川本鷹（トウガラシ）、三豊ナス、その他（香川県 JA グループ推奨の農産物）

❷主な水揚げ魚介類

　カタクチイワシ（煮干しに）、イカナゴ、シラス、カレイ、サワラ、クロダイ、貝類、養殖物（マダイ、ヒラメ、カキ）

❸食肉類

　讃岐牛、讃岐夢豚、讃岐コーチン（以上、讃岐三畜）

主な汁物と材料（具材）

汁物	野菜類	粉物、豆類	魚介類、その他
どじょう汁	ダイコン、サトイモ	小麦粉→短いうどん	フグ、エビ、いりこ、味噌仕立て
あんもち雑煮	ダイコン、ニンジン	あん入り丸餅	白味噌仕立て
打ち込み汁	ナス、カボチャ、ジャガイモ、ネギ	うどん、油揚げ	いりこ（だし）、味噌仕立て
海藻汁		コメのぬか汁、大豆のゆで汁	イギス
香川野菜汁（月菜汁）	月菜汁（さぬき菜）、ニンジン、ジャガイモ、タマネギ	白玉だんご	
きすの澄まし汁	ユズ、三つ葉		キス、調味（塩/醤油）
げたのだんご汁		小麦粉→団子	ウシノシタ、調味（味噌/醤油）
にどいもだんご汁	ジャガイモ、ナス、ダイコン	小麦粉→団子	味噌仕立て
月菜汁（丸亀市制100年に作られた）	カボチャ、さぬき菜		鶏ミンチ団子、コーンスープ

郷土料理としての主な汁物

- **茶粥**　香川県の属する香川県の島々には、茶粥を食べる習慣が残っている。その理由は、瀬戸内海は古くから畿内と九州を結ぶ重要な交通路で、大和（奈良）や河内の風習が移入され、残っているからと考えられる。米の節約のために、米を番茶で炊く奈良でもみられる茶粥のと同じである。

- **あおさ雑炊**　正月の簡単な雑煮。地元でとれるアオサ、ニンジン、シイタケを材料にした雑炊で、味は醤油、みりん、味噌で調え、餅を入れる。

- **打ち込み汁**　農村の日常食。季節の野菜を入れ、これにうどんを入れた郷土料理。味噌仕立てが多いが、醤油仕立ての家庭もある。

- **うどん（しっぽく）**　秋の野菜が出回り、寒くなるので温かいものが欲

しい季節に作る。野菜とうどんを入れて煮込み、味噌仕立てで食す。

- **うどん（鉄鍋）**　鉄製の鍋でうどんを煮込み、銘々に取り分けて、生卵や蒲鉾などの好みの具をのせて食す。冬の団欒の食事。

- **しっぽくそば**　冬至に食べる、具の多いそば。煮干しのだし汁で、醤油仕立て、具は根菜類や芋類、油揚げ、豆腐などを使う。冬至に体を温めるために食べる郷土料理である。

- **あんもち雑煮**　煮干しのだし汁、麹を多く、塩分を少なくした白味噌を使う。具は根菜類やイモ類を使い、家族、仲良く円満であることを願い、根菜類は輪切りにする。

- **月菜汁**　月菜は、丸亀地方の呼び名で、香川県の推進ブランドの野菜の「さぬき」である。地元の料理研究家はコンソメスープを提案している。

- **きすの澄まし汁**　引田町の郷土料理。熱湯で霜降りにしたキスを入れた澄まし汁である。

- **げたのだんご汁**　ゲタ（ウシノシタ）の身肉をすり身にし、団子にしたものを味噌汁に入れた小豆島の土庄町の郷土料理。

- **にどいものだんご汁**　「にどいも」は、塩江町地区の「ジャガイモ」に対する呼び名。擦りおろしたジャガイモからデンプンを固めた団子を入れた味噌仕立ての汁。

伝統調味料

地域の特性

▼高松市の１世帯当たりの調味料の購入量の変化

年　度	食塩 (g)	醤油 (ml)	味噌 (g)	酢 (ml)
1988	2,855	15,758	7,925	3,414
2000	2,208	9,623	6,973	2,178
2010	1,684	7,630	4,239	2,755

　香川県といえばコシの強い讃岐うどんが有名である。ほとんどの人が１日に１食はうどんを食べる。うどんを食べるには麺つゆが必要である。麺つゆのだしの材料にはイリコだけの店や家庭もあれば、イリコにカツオ節、サバ節、コンブ、みりんなどを加えてその店あるいは各家庭の独特のうま味を出している。高松を中心に市民生活に密着している讃岐うどんは、弘法大師（空海）が、唐の西安でうどんの作り方を習得し、帰朝後に伝えたものと語りつがれていて、讃岐の年間のいろいろな行事の時には、必ず提供されたものであったといわれている。とくに、法事の途中では必ず提供するものであった。また、僧侶が各檀家を回ると、どこの家でも湯の中にうどんを入れた「湯だめうどん」を、つけ汁とともに提供したそうである。

　麦の収穫時期には、収穫後の村祭りには、ばらずしと一緒にうどんも用意したようである。年越しには、「年越しそば」ではなく「年越しうどん」を食べる。讃岐うどんが発達した理由は、高松周辺の地質はうどんに適した小麦の栽培に向いていたからといわれているが、現在は地元での小麦の栽培が少なくなり、オーストラリアで生産した小麦を原料とした小麦粉を使っているともいわれている。

　讃岐うどんの冷凍品は、新潟県で作られている。その理由は新潟県の軟水で溶かした食塩水は、小麦粉の強いグルテン形成に適しているからのようである。香川県でコシの強いうどんができるのは、もともとは香川県沿

岸の海水で作った食塩と讃岐山脈に端を発する水質が小麦粉の強いグルテン形成に適していたのかもしれないと思われる。

　香川県に属する小豆島の「小豆島醤油」は、江戸時代中期の文化年間（1804〜17）に、高橋文衛門が和歌山の湯浅からその製法を伝授してきたものといわれている。内海町の安田・苗羽を中心に醤油づくりが始められた。明治時代になり最盛期を迎える。醤油の製造が可能になると、コンブや海苔を使って佃煮をつくるようになった。小豆島醤油は濃口醤油である。

　小豆島は国内におけるオリーブの栽培の盛んな地域で、オリーブオイルについてはイタリアへ行って研究するほど熱意をもって製造していると聞いている。日本での最初の栽培は、気候温暖な神奈川県の横須賀であった。明治41（1908）年に、農商務省が、三重・香川・鹿児島の3カ所をオリーブの試験栽培地に指定した。その結果、瀬戸内海の小豆島だけが、温暖で乾燥し、常緑高木のオリーブの栽培に適し、成功した。オリーブオイル（オリーブ油）だけでなく、果実の塩漬け・酢漬けを製造し、日本のイタリア料理やその他のヨーロッパ料理に貢献している。

　醤油の仕込み過程で、醤油と醤油粕を分けるために圧搾を行う。醤油粕を取り除く前の醤油麹は「諸味（もろみ）」といわれる。独特のうま味があり、諸々の味があるので「諸味」の名がついたのではないかといわれている。また、圧搾して残った粕を諸味ということもある。この粕に野菜を漬け込んだものは「もろみ漬け」という。小豆島をはじめ、瀬戸内海沿岸では醤油づくりをしている小規模の会社がある。これらの会社の諸味はそれぞれ独特のうま味をもっている。

　小規模ではあるが醤油づくりの会社では、香川で栽培している小粒で甘味のあるソラマメの「醤油豆」（しょい豆・しょゆ豆ともいわれている）がある。醤油豆が作られるようになった由来については、お遍路さんが食べていたソラマメが、偶然に醤油壺に落ち、それを取り出してみたら美味しかったという逸話がある。現在は、干したソラマメを焙烙で炒って、熱いうちに砂糖・トウガラシを混ぜた醤油に入れて調味したものである。酒の肴・惣菜・お茶漬けに利用されている。

知っておきたい郷土の調味料

　温暖な気候に恵まれた讃岐平野は、昔から上質な飯米として高く評価さ

れていた。讃岐山脈から讃岐平野に流れ込む伏流水は仕込み水としても適していたようである。米味噌の醸造には適している地域であった。とくに、温暖な小豆島は、昔から醤油の製造を行い、オリーブの木の栽培と実からの油の調製が盛んである。

醤油・味噌

- **調味醤油が多い**　香川県は昔から醤油の原料となる食塩が豊富で、良質のダイズとコムギの栽培と収穫に恵まれ、気候が温暖であることが、醤油の醸造に適していたのである。小豆島には、江戸時代から小さな醤油会社が多い。醤油づくりに必須の木桶には、醤油づくりに欠かせない醤油用の酵母や乳酸菌がびっしりと付着し、生育している。小豆島で江戸時代から醤油づくりをしているヤマクロ醤油㈱の「鶴醤（つるひしお）」は、2年の夏をすごした生醤油に、さらに生醤油を加えて3夏、4夏、5夏と長期熟成を行ったものである。濃口醤油の「菊醤（きくひしお）」は、丹波の黒ダイズを原料として作る。黒ダイズはでんぷんを多く含むので、さっぱりした醤油となる。

　香川県には醤油を醸造している会社が多い。それらの会社は濃口醤油など伝統的醤油を作るだけでなく、時代のニーズに合うための使いやすい調味醤油の種類が多い。琴平町の京兼醸造㈲は、「天然だし醤油」「ゆずポン酢醤油」「さしみ醤油」などを作り、引田町の引田醤油㈱は、魅力ある商品として「主婦」「さしみ」「だし醤油」などのブランドの醤油を製造販売している。同じ引田町の合資会社かめびしは、女性による醤油づくりをめざし、「十歳造り醤油」「もろみ醤油」「減塩醤油」などを製造販売している。小豆島のマルキン忠勇㈱は、バイオ関連、臨床検査関係、健康食品関係の開発も進めているが、醤油では「初しぼり生しょうゆ」「こいくちしょうゆ」「しぼりたて生ポン酢」などを製造販売している。讃岐うどんを美味しく食べるためにも醤油やだし醤油がいろいろな会社で作られている。

　坂出市の㈲水尾醸造所は、伝統的な製法を守りながら濃口醤油を作っている。同時に、だし醤油、香川県名物のうどんに合う「讃岐うどんかけ汁」、うま酢醤油なども製造販売している。

- **うま酢醤油**　から揚げとこのうま酢醤油の相性はよく、さっぱりした美

味しさとなる。コロッケなどにかけても相性がよい。

- **なめこの醤油煮**　温かいご飯と一緒に食べると、なめこ独特のぬめりと、醤油の味がよく合い、甘みのある白いご飯が美味しく食べられる。
- **洋風だし醤油**　肉料理によく合う。
- **いかなご醤油**　生のイカナゴに塩を加えて容器に入れ、3 カ月から半年ほど熟成させて作る魚醤油の一種である。
- **香川は白味噌**　坂出市の㈲水尾醸造所の味噌は、讃岐白味噌を製造販売している。この白味噌は正月のお雑煮に欠かせない味噌である。みそ汁の具に豆腐を入れると、この白味噌の上品な甘さとコクが豆腐の美味さも引き立ててくれる。
- **みそゴマドレッシング**　野菜嫌いの子どもには人気の商品の一つで、食べ慣れると野菜好きになる。

食塩

- **香川の塩の歴史**　弥生時代には土器製塩の技術が成立していたと推測されている。17 世紀頃から瀬戸内地域での塩田が開発されていた。江戸時代には土州塩田での塩の生産量が多かったようである。坂出市には「さかいで塩祭り」が平成 4（1992）年から開催されている。昔、塩田での製塩の盛んだったことから、地域に根ざしたまつりとして始めたようである。塩に関する資料館は坂出市や高松市にある。

食用油

- **緑果（エクストラヴァージンオリーブオイル）**　100％小豆島生まれのオリーブオイルの限定品。10 月中旬から 11 月中旬までしか採れないので、完熟オイルと表示されても、本物かどうか不明なものもある。きれいな緑色のオリーブオイルで、苦味とノドをさすきりっとした辛味が残る。カルパッチョなどに使うと美味しい。スプーンにのせて飲んでも美味しい。少量を毎日飲むと、便秘の改善にもよいといわれている。

郷土料理と調味料

- **打ち込み汁**　農村の日常食として、どこの家でも、季節の野菜をふんだんに使い、よくつくられているうどん料理の一種。一般に、味噌仕立て

で食べる。醤油仕立てで食べる場合もある。

- **讃岐うどん**　もともと香川県は良質のコムギが収穫できたこと、塩は遠浅で潮の干満差の大きい砂浜と雨量の少ないことが、讃岐うどんの名産地となった。だしの素材は瀬戸内海で漁獲されるカタクチイワシの「煮干し（いりこ）」を使い、醤油は小豆島で作られるものである。うどんの材料のコムギ、だしの材料、醤油などすべて地元のものを使うことが、讃岐うどんの知名度が広がった理由である。

発　酵

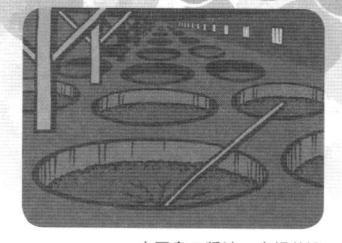

小豆島の醤油　木桶仕込

◆地域の特色

　面積が全国で一番小さい県だが、災害が少なくコンパクトな中に都市の利便性と豊かな自然が調和した生活環境を合わせもつ。

　四国の北東部に位置し、北部には瀬戸内海に面して讃岐平野が広がり、南部は讃岐山脈が連なる。瀬戸内海には小豆島をはじめ、直島諸島など約110余りの島が存在する。本州の岡山県とは瀬戸大橋により、道路、鉄道で結ばれている。川が少なく、またどれも短いため、昔から渇水対策に手を焼いてきた。このため、道守朝臣が造り、空海が修築したことで知られる満濃池をはじめとするため池が県内に約1万4000カ所あり、その数は国内有数である。気候は、瀬戸内海式気候で晴天の日が多く雨量が少ないのが特徴である。

　米をはじめとしてレタスやミカンなどの栽培が多く、小麦やオリーブ、讃岐三畜（讃岐牛、讃岐夢豚、讃岐コーチン）などの農産物も多い。イワシやシラス、タコやイカナゴなどの海面漁業のほかハマチや海苔、マダイなどの養殖漁業も盛んである。特にハマチの養殖は香川県が全国で初めて成功し、主要産業になっている。

◆発酵の歴史と文化

　小豆島は「木桶仕込醤油」の最大産地であり、島内に1000本以上の木桶がある。しかし、木桶を作る職人がほとんどいなくなっており、もはや、絶滅の危機に瀕しているともいわれている。

　木桶には多様な微生物が棲み着くことにより、それぞれの蔵元独自の味や香りを醸してきた。まだ木桶が多く使われている醤油でも、全国の生産量の1％以下といわれている。木桶の寿命は100年以上と長く、その維持や新桶製造のためには、木桶を作る職人が必要だが、次第にいなくなりつつある。木桶による発酵文化を残し伝えるために、2012年、ヤマロク醤油

の5代目山本康夫の呼びかけにより「木桶職人復活プロジェクト」がスタートした。木桶仕込みを続けるメーカーや関係者が集まり、毎年1月に小豆島で新桶作りをすることにより、技術を共有して木桶と木桶職人を増やすことを目指している。実際に、ここで作られた新桶が全国各地の蔵元で使われるようになっている。小豆島から始まった、木桶による発酵文化を残し伝えるプロジェクトの成果が期待される。

◆主な発酵食品

醤油　香川県は昔から醤油の原料となる塩が豊富で、良質の大豆と小麦にも恵まれ、また温暖な気候が醤油造りに適していた。これらを背景に、小豆島をはじめとして、坂出市、東かがわ市などで製造されており、全国4位の生産量を誇る（2017（平成29）年）。小豆島は、波静かな瀬戸内海の中央に位置した島であり、文禄年間（1592～95年）から醤油造りが始まり、一大産地へと発展した。最大の特徴は伝統ある「木桶仕込醤油」の最大産地であることである。一般的な濃口醤油、素材の風味や彩りを生かす淡口（うすくち）醤油、熟成期間が長く濃厚な味わいの再仕込み醤油などが造られている。

　ヤマロク醤油（小豆郡）、タケサン（小豆郡）、高橋商店（小豆郡）のほか、1753（宝暦3）年創業のかめびし（東かがわ市）、1789（寛政元）年創業の鎌田醤油（坂出市）、堺屋醤油（坂出市）などがある。高橋商店では、大豆、小麦を使わずに、ソラマメと食塩だけで造ったそら豆醤油を造っている。

味噌　讃岐を代表する味噌といえば、お正月の雑煮に欠かせない白味噌である。米のデンプンを糖に変えるところで熟成を止めてしまうため、より甘みが強い。塩分が約5％と低塩分の白味噌は、まったりとしたおいしさと上品なクリーム色で、おでんのタレ、鍋物のスープ、味噌汁と幅広い用途に使われる。この讃岐味噌は、関西白味噌、府中味噌（広島県）と並ぶ代表的な白味噌の一つである。その他、信州タイプの赤中味噌、麹の粒がそのまま残っている粒味噌などがある。中屋醸造所（高松市）、讃岐食品工業（高松市）、イヅツみそ（観音寺市）などで造られている。

日本酒　瀬戸内海と讃岐山脈に囲まれた香川県は、蔵元の数は少ないものの、山脈から流れ出る清冽な水や、地元の人々が苦労して生み出した香川の酒米専用品種である「オオセト」が1980（昭和55）年から

使用されている。でき上がった日本酒は、まろやかな芳香ですっきりとしたキレがあり、飲み飽きしないとの定評がある。「オオセト」と「山田錦」との掛け合わせから、新たな酒米「さぬきよいまい」も開発されている。

1790（寛政2）年創業の綾菊酒造（綾歌郡）をはじめ、丸尾本店（仲多度郡）、西野金陵（多度郡）、川鶴酒造（観音寺市）など六つの蔵がある。

焼酎 讃岐うどん用の小麦「さぬきの夢2000」を使った麦焼酎や瀬戸内の温暖な気候で栽培された黒大豆を原料にした焼酎などが造られている。

ワイン 四国で最初のワイナリーとして1989（平成元）年より醸造を始めた、瀬戸内海を見渡す丘の上にあるさぬきワイナリー（さぬき市）では、香川県産ブドウのみを使ったワイン造りに取り組んでいる。

いかなご醤油 春先に採れたイカナゴを原料として約3分の1の塩を加えて、樽に詰め、1年ほど発酵させた後、濾過した魚醤である。一時、生産が途絶えたが、1998（平成10）年頃から、庵治町などで生産が再開されている。秋田県の「しょっつる」、石川県の「いしる」とともに三大魚醤の一つである。

米発酵エキス 米を原料に麴菌、酵母、乳酸菌などの微生物を用いて発酵、熟成、抽出することによって作られた天然物である。1854（安政元）年創業の勇心酒造（綾歌郡）により開発、販売されている。温浴効果の入浴剤用として、また、スキンケア効果や皮膚の水分保持能を高める効果のある化粧品素材として市販されている。

なすのからし漬け 県西部、三豊地域の伝統野菜である三豊なすを刻んで塩でもんだ後、辛子と麴、醤油、みりんなどと混ぜ合わせて漬けたものである。

◆発酵食品を使った郷土料理など

讃岐うどん 古くから良質の小麦、塩、醤油、イリコなどが特産品だったため、元禄時代からの歴史があるといわれる、腰の強いうどんである。大晦日には年越しそばではなくうどんを食べる風習もある。讃岐うどん用のだし醤油も販売されている。

辛子味噌 讃岐うどんの店には、ほぼ必ずおでんが置いてある。このおでんになくてはならないのが辛子味噌で、練り辛子に讃岐

味噌・砂糖・酢を混ぜ合わせて作られる。

押しずし　讃岐の「ハレ」の料理の代表にすし料理がある。「カンカンずし」（さぬき市）、「石切ずし」（小豆島）、「五合ずし」（香南町）、「八朔ずし」（綾川町）など、さまざまなバラずし、押しずしの文化が残っている。酢を型に塗ってから酢飯を詰め、ソラマメ、サワラ、錦糸卵などをのせて上から押し抜く。田植えに向けて鋭気を養うための料理でもあり、すし飯の甘さが特徴である。

餡餅雑煮　県西部や南部の平野部にみられる代表的な正月の料理で、白味噌仕立ての雑煮に餡の入った餅をのせ、表面に香りづけにアオサの粉末を振る。

しょうゆ豆　乾燥したソラマメを炒ってこんがり焦がしたものを、醤油、砂糖、みりん、トウガラシを合わせた調味ダレの中に入れ、一夜漬けにしたものである。かつてソラマメはどこの農家でも米の裏作として栽培しており、讃岐の郷土料理として欠かせないものであった。

まんばのけんちゃん　高菜の仲間であるマンバ（ヒャッカともいう）を煮こぼして灰汁を抜いたものに、豆腐、油揚げ、天ぷらなどを入れて醤油味にした煮びたしである。「まんばの炊いたん」といわれることもある。

てっぱい　塩を振り、酢に漬けておいたコノシロ（コハダ）の切り身にダイコンとニンジンを加え、白味噌と砂糖と酢とだしを入れて混ぜたものである。昔は寒鮒を使っていたが、最近はコノシロを使うのが一般的である。

あじの三杯　小アジを中まで火が通るように焼いたものを三杯酢に漬けたものである。季節によりトウガラシや刻みショウガ、ミョウガの細切りを加える。

いかなごのくぎ煮　もともと播州の郷土料理が香川にも広がったもので、イカナゴを佃煮にしたものである。佃煮になったイカナゴは茶色く折れ曲がって錆び釘のようにみえるのでこの名が付いた。

サワラの味噌漬け　瀬戸内海では春から初夏が旬であるサワラは、香川県ではポピュラーな魚である。サワラの味噌漬けは短期の保存と味付けのための調理法であり、適度に漬けたものを焼くと、

サワラの旨みが倍加して得もいえぬ味となる。

◆特色のある発酵文化

讃岐のり染 (藍染め)　　　香川の伝統工芸品で、もち米で作られた防染の
ための「のり」を布地に置き、その部分を染め抜
いた染物のことである。

　江戸時代には高松城の紺屋町に藍染めによる染物屋が数多くあった。そ
こでは、生活に密着した着物などが染められていた。たくさんあった讃岐
のり染の工房も現在では少なくなったが、地元の祭りで使われる獅子の油
単を染める工房や、琴平「こんぴら歌舞伎」に使われるのぼりを染める工
房などがある。土地の文化と密接につながりながら伝統が受け継がれてい
る。

◆発酵にかかわる神社仏閣・祭り

伊喜末八幡神社 (小豆郡)　神幸祭 (甘酒祭)　　10月例大祭 (秋祭り)
の神事の一つとして行わ
れる神幸祭で、別名「甘酒祭」といわれている。本殿にいる神を神輿に乗
せて御旅所まで運び、神輿からお祭りを見物していただくというもので、
その際、古式に則ってカシワの葉に甘酒とぶどうめしをのせている。

◆発酵関連の博物館・美術館

マルキン醤油記念館 (小豆郡)　　丸金醤油の創業80周年を記念して、
大正時代初期に建てられた工場を記念
館として開館したものである。建物は合掌造りとしては国内最大規模を誇
るもので、国の登録有形文化財に指定されている。木桶で仕込んだ「生
しょうゆ」を使った製品なども味わうことができる。

金稜の郷 (酒の資料館) (多度郡)　　創業当時の白壁の酒蔵に古くから
使われてきた酒造道具や酒造りの様
子が展示されている。

◆発酵関連の研究をしている大学・研究所

香川大学農学部応用生物科学科食品科学コース、大学院農学研究科応用生物・希少糖科学専攻

　希少糖とは、自然界に微量しか存在しない糖類のことで、希少糖含有シロップは香川の新しい特産品となりつつある。これは、大学敷地内からD-ソルボース発酵を行う微生物を発見したことからもたらされたもので、さまざまな酵素の研究が行われており、微生物酵素を使って利用価値の高いキシリトールのような希少な糖類を作ろうという研究で成果をあげている。

コラム　善通寺の堅パン

　弘法大師空海が生まれたのは香川県善通寺市で、四国霊場75番札所、善通寺は「誕生院」とも呼ばれ、空海の産湯に使ったといわれる井戸も残されている。その門前に、120年続く老舗菓子屋の熊岡菓子店がある。そこでは、昔ながらのガラスケースに入ったお菓子が量り売りで売られている。ここで一番有名なのは、「史上最強に堅いお菓子」ともいわれる堅パンである。日清戦争の頃に日持ちがして腹持ちがいいものをという軍からの要望で作られたといわれている。材料は小麦粉と砂糖で、それらを練り上げて焼き上げたものである。パンと名前がついているが、その硬さから酵母を使った通常の発酵パンとは違うようだ。

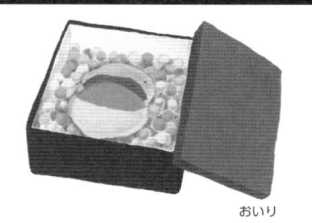
おいり

和菓子 / 郷土菓子

地域の特性

　四国の東北部に位置し、わが国最初の国立公園・瀬戸内海国立公園の中心にある。県域には小豆島など瀬戸内海に点在する島が多いが、県全体の面積は47都道府県中、最小である。かつては「讃岐国」とよばれた。

　気候も特徴があり、温暖で降水量が少なく、日照時間が長い。また大きな川もないので水不足に悩まされ、そのため県内には空海が改修工事をしたという満濃池のような溜め池が約15,000カ所あり、田植のときには今も使われている。香川県といえば、「讃岐うどん」だが、原料の小麦は日照りに強い作物であった。

　江戸時代の讃岐の特産品は「讃岐三白」といわれ、塩、砂糖、木綿が知られていた。特に讃岐の砂糖は貴重品で、幕府への献上品。庶民の口に入るものではなく、そのためせめて正月ぐらいは砂糖の入った甘い餡入りの餅が食べたい。そうした思いが"讃岐の餡餅雑煮"の誕生とされ、白味噌仕立ての雑煮に入った餡餅は、「讃岐砂糖」のふるさとの味である。

地域の歴史・文化とお菓子

ストレス時代の癒しのスイーツ

①讃岐和三盆糖の世界

　口に含むとスーッと溶けて、身体中の疲れが消えていくような和三盆糖。ストレス多き現代人の癒しの甘味である。

　前述のとおり香川県の江戸時代の産物は「讃岐三白」で、塩・砂糖・木綿であった。砂糖は「讃岐和三盆糖」と称され、高松藩が独自の製法で生み出した最高級の国産砂糖であり、現在も上菓子作りには欠かせない。

　江戸時代中頃まで、日本で入手できる砂糖は一部琉球・奄美で作る黒糖と、多くが中国・オランダ船に舶載される高価な輸入品であった。しかし

砂糖の需要は高まり、これが幕府の財政逼迫の要因にもなった。8代将軍徳川吉宗は、国内産砂糖の開発に力を入れ高松藩も本腰を入れ、平賀源内らに依頼するも源内は研究なかばで他界する。苦労の末、讃岐産の砂糖ができるまで60余年が経っていた。その讃岐の砂糖は、「樽一杯の砂糖が樽一杯の金になる」といわれ、高値で取引され高松藩は潤ったのであった。

②日本の砂糖事情

　我が国の砂糖といえば、8世紀に鑑真和尚が薬として黒砂糖を中国から持参したのが最初とされ、また正倉院宝物の薬剤の中に「蔗糖」があることから奈良時代に薬として伝えられたものと思われる。

　平安時代後期になると、宋との交易でもたらされていたのか、貴族の日記などに砂糖が「唐菓子（からくだもの）」として記されている。砂糖が薬品から菓子（甘味）に変換する段階であった。

　14世紀になると国産糖が琉球や奄美大島で作られた。薩摩藩は、製糖技術をもつこの地方を統治し、黒砂糖の生産で利益を上げていった。

　徳川吉宗が砂糖の国産化に着手したのは1726（享保11）年。翌年、江戸城吹上御苑に甘蔗（かんしょ）（サトウキビ）の苗を試植。その後、長崎奉行により甘蔗の栽培法と砂糖の製造法が献上された。こうして幕府は、希望する藩に甘蔗の苗を分け与え砂糖製造を奨励したのであった。

③讃岐の「さとがみさん」

　高松藩5代藩主・松平頼恭（よりたか）は幕府からの甘蔗の苗を得て、砂糖づくりに臨んだ。讃岐出身の平賀源内に依頼するが叶わず、その志は藩医の池田玄丈へ。そして弟子の向山（さきやま）周慶に託されたが思わしくいかなかった。

　そんな折、医師の向山周慶は兄が助けた四国遍路の行き倒れの巡礼者を手厚く介護した。この巡礼者が奄美大島出身の関良助で、彼はたいそう感謝し、向山が砂糖づくりに苦労していることを知り、恩に報いるため奄美に戻り、国禁を犯して甘蔗の種茎を「弁当行季」に詰めてこっそり持ち帰り、精糖法を伝授したのである。

　すでに30年が経っていた。1790（寛永2）年、苦労の末、讃岐の白砂糖は完成した。人々は2人の功績をたたえ、名前を1字ずつ取り「向良神社（こうりょうじんじゃ）」を建立した。神社は高松市内と東かがわ市に現在もあり、地域の人々に「さとがみさん」と親しみを込めてよばれ、今もお祭りが執り行われている。

④阿波・讃岐の和三盆

不思議にも徳島県の「阿波和三盆」の産地と、「讃岐和三盆」の旧引田町（東かがわ市）とは山1つで隣接している。実はこの地域を外れると、サトウキビは和三盆にならないのだそうである。

ところで、向山周慶が偉大だったのは、砂糖づくりに酒搾りの方法を応用したことであった。甘蔗の煮汁に圧力をかけて分蜜する方法を考案したことで、研究はさらに重ねられて白砂糖の製品化に成功したのであった。

三盆糖というのは、サトウキビから搾った汁を煮詰め白下糖を作り、盆の上で“研ぎ”といって研いで蜜を抜く。蜜と糖の結晶を分ける作業で、これを3日間行うことから三盆糖の名がある。現在は5日間もかけて行い、さらなるうまみを増している。

⑤門外不出の技法を受け継いで

江戸時代、和三盆の製法を伝授されたのは5軒であった。今ではただ1軒となり、1804（文化元）年創業の三谷製糖が秘法を守っている。現当主で8代目。JR高徳線の引田駅から歩いて15分ほどのところに三谷製糖があり、訪ねてみると昔ながらの建物の中から「こんこん」と和三盆の打ち物を型から抜いている心地よい音がしていた。敷地内には江戸時代のサトウキビの搾り機が置かれ、店内からはガラス戸ごしに工場内の様子がみられ、まるで博物館のようであった。

代表商品の「羽根さぬき」は、丸い和三盆糖が1つひとつ薄紙に包まれ羽根突きの追い羽根の形をした愛らしい砂糖菓子である。ほかにも四季折々の風物を模した打ち物があり、見ているだけでも楽しい。

広い敷地には、海からの心地よい風が吹いてきて、“和三盆の聖地”は身も心も休ませてくれた。

行事とお菓子

①ひな祭りの「おいり」「おはぜ」

旧引田町（東かがわ市）のひな節供には、白根のついたわけぎを洗って器に盛り、根元をあさりで覆う飾り物を供える。「おいり」はあられ、大豆、餅、玄米を焙烙で炒り、白下糖（和三盆の原料）を温めてからめ、食べやすいように小さく固める。重箱にたくさん作って供え、初節供の家では当日、大勢のひな客が来るので「おいり」を出して接待する。

瀬戸内沿岸では「おはぜ」を作る。暮れの餅つきに「おいり」用として砂糖を加え彩色し、乾燥させてあられを作っておく。ひな節供にはこれを炒って供え、4月8日のお釈迦様の日には「お釈迦さんの鼻くそ」とよんで供える。

②端午の節供の「しばもち」「ちまき」

　旧引田町の「しばもち」は、米粉ともち粉を混ぜた生地にこし餡を入れて団子にし、イバラ（サルトリイバラ）の若葉で包んで蒸す。「ちまき」はカヤの葉で作る。

　西讃岐では「しばもち」の葉は「からたち」といい、サルトリイバラのことである。小豆島の「かしわ餅」が「からたち」の葉で、これで餡の入った米粉の餅を挟んで蒸す。

③阿讃山麓（旧塩江町・現高松市）の「しょうぶ節供」

　端午の節供のショウブは薬用とされ風呂に入れたり、頭に巻いて健康祈願とする。だが、この地方では腹病みする子は腹に巻いたり、新麦の挽いた粉・おちらし（はったい粉に砂糖を混ぜる）を、ショウブの葉をスプーン代わりに「はねる」（すくって食べる）と夏病みしないといわれる。

④八朔の「馬節供」

　西讃岐地方の旧歴8月1日は、八朔の行事で、米粉の団子生地で元気のよい馬を作り、男児の無事な成長を願う風習である。嫁さんの実家から贈られるもので、武者人形や張り子の虎と一緒に飾る。翌日はこの馬を崩し、重箱などに入れて近所に配る。焼いて砂糖醤油などで食べる。慶事のおすそわけである。

⑤嫁入り「おいり」

　花嫁が婚家先に持っていくお土産で、現在は結婚披露宴の参加者への引き出物となっている。もち米で作る直径1cmほどのあられで、ピンク、緑、白、オレンジなどいろいろな彩色がしてある。中は空洞で、口に入れるとすぐに溶け、ひなあられに似ている。他に「はけびき」といって彩色した小判型の麩焼き煎餅で、砂糖蜜が塗られている。かつては嫁入りの翌日、「おいり」を貰いにくる近所の子どもたちに「はけびき」とともに、花嫁が手渡した。

⑥法事の「うずまき餅」

　旧引田町の菓子で、漉し餡を水でねり白下餡を加え、つなぎに小麦粉少々

を入れて蒸す。米粉の生地を蒸してつき、薄く延ばす。餡も延ばして餡生地に載せて"鳴門巻き"のように巻いて切り分ける。法事の供物とした。

知っておきたい郷土のお菓子

- **かまど**（坂出市）　1936（昭和11）年創業の「かまど」が作る香川県銘菓。塩の産地だった坂出らしく塩焼きの土かまどをかたどった黄味餡入りの焼き菓子。この地の製塩はかつて僧・行基が製法を伝えたという。「荒木屋」は旧社名。
- **木守**（高松市）　柿ジャム入り羊羹を挟んだ麩焼煎餅。晩秋に柿の木に1つ残った実を「木守」といい、千利休が弟子たちに好きな茶碗を選ばせると、赤楽茶碗が1つ残り、その茶碗に「木守」と名付けたことに因む銘菓。1872（明治5）年に高松藩士3人で創業したのが三友堂の始め。
- **瓦せんべい**（高松市）　1877（明治10）年創業の宗家「くつわ堂」の高松銘菓。讃岐名産の白下糖を使って、玉藻城（高松城）の「そで瓦」をかたどった瓦煎餅。しっかりと焼いた堅焼煎餅で、大小6種のサイズがある。
- **たんきり**（高松市）　生姜と胡麻の風味が効いたやわらかい飴に、大豆粉をまぶした州浜状の菓子。徳栄堂の名物飴。水戸光圀の兄頼重公が高松城主となり、仏生山に松平家の菩提寺法然寺を建て門前町の人々にいろいろな家業を勧めたことから、飴も作られるようになった。
- **源平餅**　約150年の歴史をもつ吉岡源平餅本舗が作る名物餅。平安時代末期の源平合戦の地となった讃岐屋島に伝わる紅白の小さな求肥餅。
- **加美代飴**（琴平町）　昔からの神事への貢献により、金刀比羅宮の境内での営業を許された5軒の商家「五人百姓」が白い傘を立てて売る金毘羅名物。扇の形のべっこう飴で、付属の小さな金鎚で割って食べる趣向も楽しい。
- **石段やの「灸まん」**（琴平町）　金比羅詣りの客に人気だった「金毘羅灸」で有名な旅籠麻田屋。茶店に転業する際、屋号を「石段や」に替え、お灸（モグサ）の形をした黄身餡入り焼き菓子を作り「灸まん」として販売した。
- **熊岡のカタパン**（善通寺市）　熊岡菓子店は、金毘羅街道の面影が残る善通寺市の町並にある人気のカタパン店。創業当時は「兵隊パン」とか

「石パン」とかよばれ、お遍路さんの「保存食」ともいわれる。

- **梅が枝**（観音寺市）　大西甘味堂の郷土菓子。生の餅生地で、黄緑と薄桃色の層をはがして食べる。その昔、四国巡礼の京の僧から伝授されたという。
- **ぶどう餅**（東かがわ市）　漉し餡を薄皮で包み4つ串に刺してある。武士の戦力餅として武運と無事を祈る武道餅であった。ぶどう餅は徳島にもある。
- **鳥坂まんじゅう**（三豊市）　三野町の名物饅頭。160年ほど続く善通寺市との境にある鳥坂峠で売られる自家製甘酒入りの酒饅頭。

乾物 / 干物

アキアミ

地域特性

　香川県は四国の北東部に位置し、北部は瀬戸内海に面し、讃岐平野が広がり、南部は讃岐山脈が連なり、各地へは峠越えで行き来が行われている。瀬戸内海には小豆島をはじめ110余りの島が存在する。その多くの島々は川が少なく、昔から渇水対策に手を焼き、ため池が多く見受けられる。香川県は全国で一番面積が小さい県でもある。岡山県とは瀬戸大橋により道路、鉄路が結ばれ、高松市を中心に多くの交流が盛んになっている。

　讃岐平野から採れる小麦の文化から、うどん県として売り出している。腰の強い麺の特徴を売りとした讃岐うどん。金毘羅宮、四国八十八か所めぐり、善通寺、栗林公園など観光県としても有名である。気候的には瀬戸内海式気候で晴天の日が多く、雨量も少ないのが特徴で、かつては塩田香川などともいわれた時代もあった。

　一次産業は米作りをはじめ野菜類、レタス、玉葱、みかん、オリーブなど小規模であるが多種類の産物が栽培されている。中でも、うどん向け内麦小麦「さぬきの夢2000」は、地場産小麦として品種改良されている。漁業も盛んで、ハマチの養殖事業も行われている。

知っておきたい乾物 / 干物とその加工品

讃岐うどん

　讃岐平野の小麦と瀬戸内海の塩の産地として、現在の香川県高松地方一帯に伝えられてきた。特徴は麺の食感、輝く光沢、冴えた黄色、なめらかで弾力のあるモチモチ感。これらが好まれ、今では全国的に讃岐ブランドは定着している。

　日本の暦二十四節気を補う季節の移り変わりの目安の雑節の1つに、暦日で夏至から数えて11日目（7月2日）ごろに当たる半夏生がある。讃岐地方はこの日にうどんを食べる習慣があり、この日をうどんの日と定めている。法要のときは湯だめうどんが出されたり、田植えの後の農作業の

節目にも食べるなど、一年中湯だめうどんを食べる習慣がある。

　香川県産の小麦は味と香りと風味が強く、昭和30年代には「ジュンレイコムギ」「ウシオコムギ」が、その後品種改良されて「さぬきの夢2000」などが出ている。

　現在は輸入小麦のASWといわれるオーストラリア小麦などとブレンドして使われている。この地方では「温三寒六常五杯」という文字が台所などにも貼ってあり、これは小麦粉に対して塩水の濃度の目安を示す言葉であった。食べ方も独特で、湯だめうどんは薬味がネギと生姜、かけうどんは煮干しのだし、ざるには生醤油ぶっかけうどんなどがある。

小豆島手延べそうめん

　香川県の瀬戸内海の小島、壺井栄の小説『二十四の瞳』でも有名になった小島小豆島の歴史は古い。大阪城築城時に城壁の石を運んだり、船の交易から、大阪、堺などとの交流が多く見られた。素麺の歴史は古く、今から約400年前の1598（慶長3）年に三輪素麺の技法による麺作りが瀬戸内海に浮かぶ小豆島に伝えられたといわれている。

　手延べ素麺の技法は各産地により違うが、小豆島の特徴は延ばしに胡麻油を使っているのが他産地との大きな違いである。讃岐平野の小麦と瀬戸内の粗塩を使った手延べ素麺は、腰、味共に絶品である。島のブランドである素麺、小豆島「島の光」は有名である。また、この島では醤油、佃煮、オリーブなどが特に観光物産として喜ばれている。

香川本鷹唐辛子

　辛味が強く、讃岐の味三傑といわれている在来種で、讃岐うどん、小豆島醤油、てんぱいには欠かせない香辛料。地元では青さやや葉っぱを佃煮にして食べている。果肉は5〜7cmで、皮が薄く乾燥が早い。辛いうま味がある。

伊吹いりこ

　関西地方では、煮干しを「いりこ」と呼んでいる。煮干しの中でもカタクチイワシを使ったいりこは日本一と称される。瀬戸内海の燧灘（ひうちなだ）に浮かぶ小島「伊吹島」のいりこは有名。伊吹いりこの中でも鱗のついた俗称「銀つき」と呼ばれる一部のものは、最高級品として料亭などに需要が多い。

　鮮度が命のいりこ。伊吹島全体が煮干しの島といわれるくらい生産が盛んである。漁場と海岸沿いに建つ加工工場は非常に近く、漁獲から加工場まで30分以内で、船からフィッシュポンプで水揚げし、洗浄、選別し、

すぐに煮沸した後乾燥する。その特徴は、脂肪が少なく、渋くなく、つやと照りがあり、折れや腹キレがないところにある。

香川県産板海苔　　　浮流し式漁法で、小豆島と直島周辺での生産が多く、葉質は硬めでしっかりしている。色つやがよいが、味に特別な特徴はない。

むきえび（干しえび）　　　瀬戸内海で捕れるアカエビ、トラエビを水揚げ後すばやく干して作るむきえびは、絶品である。肉質がよく、噛めば噛むほど口一杯にえびの味とうま味が広がり、料理やつまみにそのまま食べられる。

あきあみ　　　瀬戸内海で捕れるアキアミで、むきえびと同じく、水揚げのあと素早く干して作る。乾燥したあきあみをそのままつまみ、チャーハンの具材として使うほか、桜えびと同じようにお好み焼き、ふりかけなどにも使う。

III

営みの文化編

伝統行事

金比羅宮大祭

地域の特性

　香川県は、四国の北東部に位置する。県南部が讃岐山脈によって区切られ、県域は瀬戸内海に張りだしたかたちとなっている。主な山地は讃岐山脈だけで、北部に讃岐平野が広がる。島嶼を含めても、県の面積は、全国最小である。気候は温暖で降水量は少ない。そのため、干害に備えて古くから溜池がつくられたが、昭和49（1974）年の香川用水開通まで干害が絶えることがなかった。

　とくに、瀬戸内海の島々には固有の歴史や文化がよく伝えられており、まつりやそれにともなうごちそうもさまざまみられる。伝統工芸では、香川漆器、丸亀団扇、保多織、一閑張（漆器）などがよく知られる。

　宇高連絡船が何往復もしていたころは「四国の玄関口」と呼ばれていたが、瀬戸大橋ができてからはその印象が薄らいでいる。

行事・祭礼と芸能の特色

　「金毘羅船々追風に帆かけてシュラシュシュシュ」と歌われた金毘羅参り。江戸時代に盛んになった。ここに歌舞伎の顔見世興行もする芝居小屋（金毘羅大芝居）ができたほどのにぎわいだった。この芝居小屋は、所有者がかわるたびに名称が変わったが、明治33（1900）年に「金丸座」と改名、現在に至っている。

　金丸座は、日本最古の芝居小屋として、昭和45（1970）年に「旧金毘羅大芝居」の名称で国の重要文化財に指定され、昭和47年から4年間の歳月をかけて現在の場所に移築、復元された。昭和60年からは、そこで「四国こんぴら歌舞伎大芝居」の春興行が行なわれるようになり、現在では四国路に春を告げる風物詩として人気を博している。

　讃岐平野、南部の讃岐山脈の山間部、そして島嶼部と大きく三分される風土の違いがあり、行事・祭礼の内容にも違いがある。全体的には、派手

派手しいものが少ない。そのところでも、穏やかな県民性をみることができる。

伝統的な民俗芸能（国指定の重要無形民俗文化財）としては、綾子踊（仲多度郡）、滝宮の念仏踊（綾歌郡）がある。

厄病神祭

小豆島で大晦日から正月3日にかけて行なわれる厄病神を送る行事。

大晦日に四ツ辻に行き、「疱瘡の神さん、風邪の神さん、正月三日は私の家へ神棚をつくって迎えに来ましたが、常の日には決しておいでくださいますな。さあ、私の肩におのりなされ」といいながら、両手を背に背負うまねをする。その後、重そうなかっこうで帰宅し、「どっこいしょ、ああ重かった」と庭で背からおろすまねをする。そして、庭の片隅に紙を敷き神棚とし、餅を供え、夜は燈明をあげて3日間祀る。正月3日には、迎えたときと同じようにしてもとの四ツ辻に連れて行くのである。

このような擬人的方法による祭祀を行なうのは、ただ普通の方法では不安が残るため、という。追いやるためにはまず迎えて祀る、というのは、古い神まつりにみられる祓いのひとつのかたちである。

金刀比羅宮の祭礼

桜花祭 4月10日、全山が桜に彩られるころに行なわれる。季節循環に対する神恩感謝のまつりである。

冠に桜の花を挿した神職と、桜の枝を手に持った十二単衣の巫女約70人の行列が、奏楽のなか、大門から本宮まで練り歩く。優雅な平安絵巻そのものの風景である。本殿では舞が奉納される。

御田植祭 4月15日、五穀豊穣を祈念して行なわれる。注連縄を張りめぐらせた神事場で、田起し・地ならしから、籾蒔き、田植え、刈取りなど昔ながらの農耕のようすを再現。神職が鍬で耕す仕草をしたり、苗代に見立てた神事場を牛に引かせるまねもする。その後、巫女による田舞が奉納される。参拝者は、籾種を神前からいただいて、自分の家の田に蒔く。

祝舎神事 8月31日から約1カ月半にわたり、祝舎（斎場）にて、大祭に奉仕する頭人（2人ずつの童男・童女）が精進潔斎する神事。祝舎は、

松の黒木と竹でつくられ、屋根・四方の壁ともに茅で葺かれ、床は薦を敷いた簡素なもので、上段の神棚に金刀比羅宮を祀り、下段には地炉を設ける。入口には松の黒木の鳥居を建て、うしろにカントリまたはオハケと称して大竹に御幣をつけ立てる。

「口明け神事」といって、8月31日から、祝舎奉仕者の居宅の祓いを行ない、さらに祝舎の地鎮祭を行って建築に着手する。そして、9月10日から頭人は祝舎に宿泊をしはじめ、大祭の終わるまで続ける。頭人には、翁（頭司）と嫗（祖母）が付き添い、調理には鑽り火を使う。

金刀比羅宮の大祭の祭祀者は頭人が務め、神職は補助的な立場をとるため、祭祀者である頭人の物忌みが厳重に行なわれることになるのだ。

なお、祝舎神事は、大祭後（10月15日）の祝舎を焼き払う「焼払神事」をもって終了する。

例大祭　10月9日から11日まで行なわれる。宵宮の9日は、夕方に八乙女舞が、10日は、午前中に神主舞と大和舞、夕方には讃岐風俗舞が奉納される。

10日の深夜、男頭人は乗馬、女頭人は駕籠に乗り、神輿の渡御に供奉して、数百人の供を従えて本宮からふもとの行宮へ向かう。神事場に神輿が到着すると、そこで奉幣式を行なう。

11日には、神輿の還御に供奉して両頭人が本宮において次頭人と奉幣式を行なう。その後、頭人が祝舎に帰ると、昇神の神事を行ない、祝舎のオハケを取り去る。14日には、翌年の男女頭人とともに出仕して奉幣式を行なう。

御蚊帳垂神事

田村神社（高松市）で5月8日（もとは旧暦で催行）に行なわれる神事。「ミカチョウサゲのまつり」ともいう。

当日は、まず神輿の神幸がある。男女各2名の稚児が、頭屋から出て母衣（竹籠でつくり、その上に布の覆いをつける）を負って供奉する。また、馬の背に米俵をつけ、その上に五重の布団を積んで花傘をかざした「高荷馬」が行列に従う。

そして、還幸の後、神座に蚊帳を吊る。この蚊帳は、10月（もと9月）8日の例祭の夜に徹する。氏子もこれにならって、同じ日に蚊帳を吊りはじめ、また同じ日にそれをしまう。

この地方では、旧暦4月8日以前に蚊帳を吊らなければならない場合は、蚊帳の一隅をはずして使う風習があった。

　なお、4月8日に毒虫払いのまじないをする風習が多くみられ、この日に蚊帳を吊るのもそれと同様の考え方にもとづくものであろう。

ハレの日の食事

　讃岐うどんが広く知られ、日本一のうどん消費県である。とくに、行事にはどこの家でもうどんが出される。また、麦の収穫後の村まつりには、ばらずしとうどんを出す習慣が広くみられる。大晦日の年越しも、そばではなくうどんを食す。さらに、正月三が日を力うどん（餅とうどんが合さった雑煮）で過ごす地域もある。農村では、田植えの初日や法事、祭礼、そしてお遍路さんの接待にもうどんを用意する。

　すしもまた、行事日の最大のごちそうである。たとえば、農耕の休みにはちらしずし、客のもてなしには分配が便利な押しずし（抜きずし）、魚の姿ずしなどがふるまわれる。

寺社信仰

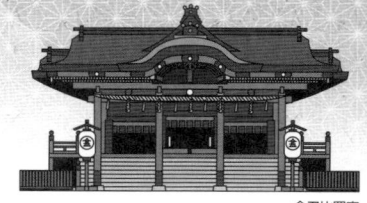

金刀比羅宮

寺社信仰の特色

香川県は古く讃岐の忌部と阿波の忌部が麻を植えて開拓したと伝え、観音寺市の粟井神社が讃岐最古の社ともいわれる。同社は名神大社で、讃岐忌部の祖、天太玉命を祀り、刈田大明神とも称した。

讃岐の名神大社は他に2社あり、坂出市の城山神社は讃岐国府の近くで讃岐国造祖の神櫛別命を祀り、高松市の田村神社は四国80讃岐国分寺の近くにあり、讃岐一宮とされ、旧四国81でもあった。なお、讃岐二宮は三豊市の大水上神社、三宮はさぬき市の多和神社とされる。

日本に密教を伝え、真言宗や高野山を開いた弘法大師空海は讃岐の出身である。善通寺市にある四国75善通寺の近くで産まれ、四国地方に88か所の霊場（四国遍路）を開いたと伝える。

空海の甥と伝える智証大師円珍も讃岐の出身で、同市の四国76金倉寺で産まれ、天台密教を大成、比叡山延暦寺の座主に上り、天台密教の修験道である本山派の祖とされた。

真言密教の修験道である当山派の祖とされる理源大師聖宝も、一説に讃岐の出身で、丸亀市の正覚院で誕生したと伝える。

このように讃岐は、密教や修験道における重大な聖地であるため、四国遍路の札所も狭い国土に23か所と、最も濃厚に分布している。さぬき市の大窪寺は四国88で、四国遍路を締め括る重大な札所となっており、特別に結願札所ともよばれている。また、東かがわ市にある奥田寺は、四国八十八ヶ所の総奥の院とも称されている。

江戸時代になると讃岐は全国から押し寄せる金毘羅参りで大いに賑わった。金毘羅大権現と崇められ、象頭山松尾寺が別当を務めた。「金毘羅船々追風に帆かけて修羅シュシュシュ」と謡われた当時を伝える〈金毘羅庶民信仰資料〉†は、全国各地のコンピラ様の総本宮で、今も県内最多の参拝客を集める、琴平町の金刀比羅宮が大切に守り継いでいる。

凡例 †：国指定の重要無形／有形民俗文化財、‡：登録有形民俗文化財と記録作成等の措置を講ずべき無形の民俗文化財。また巡礼の霊場(札所)となっている場合は算用数字を用いて略記した

主な寺社信仰

白鳥神社（しろとり）　東かがわ市松原。旧白鳥村の氏神。日本武尊の霊が化した白鳥が当地に舞い降りて死んだため、息子の武鼓王が陵を築いたのが始まりで、1664年に高松藩初代藩主松平頼重が再興したという。10月6〜8日の大祭に奉納される〈白鳥の虎頭の舞〉‡は、再興時に京都から導入されたと伝える。和唐内（鄭成功）と虎の格闘を勇壮に描くもので、近松門左衛門作の歌舞伎『国性爺合戦』を取り入れて現在の姿にしたという。白鳥村は当社の門前町として栄え、1891年からは手袋の製造が盛んとなり、現在は日本一の生産高を誇る。市内には〈東かがわの手袋製作用具及び製品〉‡を展示する香川のてぶくろ資料館もある。手袋製造は白鳥千光寺の副住職であった両児舜礼が1888年に大阪で始め、舜礼の没後は従弟が継承して松原の教蓮寺境内に積善商会を立て、製造を続けた。

志度寺（しとじ）　さぬき市志度。四国86。志度湾に面し、謡曲「海人（海士）」の舞台として知られる。凡薗子尼が浦に漂着した霊木で十一面観音像を刻み、精舎を建てて安置したのが始まりで、後に藤原不比等が妻の墓を築き、息子の房前が行基とともに訪れて1,000基の石塔を建立、法華八講を修して母の菩提を弔い、堂宇を整備したと伝える。境内には「海女の墓五輪塔群」が今も残り、海女の命日には本尊を開帳して大法会を営み、十六度市も立つ。志度は門前町として栄え、江戸時代には高松藩の米蔵や砂糖会所が置かれた。讃岐は18世紀後半から砂糖黍の栽培や白下糖の製造を始めたが、1808年に和三盆糖の製造に成功すると一躍全国的に有名となった。現在、貴重な〈讃岐及び周辺地域の砂糖製造用具と砂糖しめ小屋・釜屋〉†が高松市の四国民家博物館に残されている。

八栗寺（やくりじ）　高松市牟礼町牟礼。四国85。五剣山の8合目に建つ。弘法大師空海が当山で求聞持法を修したところ、5振の剣が天下り、蔵王権現が出現したため、剣を埋めたのが始まりという。山頂からは8国が見渡せたので八国寺と号したが、大師の植えた8個の焼栗が芽吹いた奇瑞から現称に改めたと伝える。本尊は聖観音で、不動・愛染の2明王を従える。木食以空上人縁の聖天を祀ることから八栗の聖天さんと親しまれ、奥ノ院には日本五大天狗にあげられる中将坊大権現を祀っている。

五剣山は庵治と牟礼の境に位置し、良質の花崗岩、庵治石を産することでも知られ、麓には〈牟礼・庵治の石工用具〉†を収蔵展示する石の民俗資料館がある。19世紀前半、屋島神社の造営で和泉から来た石工により栄えた庵治と牟礼には、庵治三十三観音霊場や庵礼二十四輩霊場も開かれている。

三宮神社（さんぐう）

高松市六条町。四国の大動脈・国道11号線の北に鎮座。応神天皇・建御雷神・天火明命を祀る。旧六条村の氏神で鹿島神社と称したが、1944年、軍用飛行場の設置に伴い、旧上林村の氏神の拝師神社と旧下林村の氏神の岩田神社が合祀され、1948年に現称とした。社章は氏子から募集した結果、桜花を鳥居3つで囲った紋とした。3つの宮が合わさったため、境内には狛犬や灯籠が多くある。六条は隣の下田井にある八幡宮の氏子であったが、いつの頃からか当社を創建して分かれた。下田井八幡宮はもともとは六条にあり、1599年に夢告により下田井に遷されたという。旧跡は古宮神社（貢八幡神社）として今も社殿が残る。六条には讃岐うどんの文化を支えた〈讃岐六条の水車及び関連用具〉‡も残る。讃岐平野に典型的な、製粉・精米から製麺までを行う胸掛け形式の動力用水車で、高松藩菩提寺の法然寺が素麺を献上するため小麦の製粉に用いた御用水車という。

興願寺（こうがんじ）

高松市亀水町。紅峰山薬師院と号す。四国81白峯寺の白峰、四国82根香寺の青峰、亀水の黒峰・黄峰とともに五色台を構成する紅峰の麓に建つ。空海が紅峰上に開いたが、16世紀に長宗我部軍に焼かれ、本尊は鰆の浜、虎の石あたりに捨てられたと伝える。後に漁夫が浜で光る仏像を見つけ、堂を建てて安置したが、18世紀末に暴風雨で倒壊、蔵芸大禅師が現在地に復興したという。以来、薬師如来と聖徳太子を祀り、薬師庵や亀水庵と親しまれたが、1946年に真宗興正派に属して本尊を阿弥陀如来に変え、現称に改めた。現在も薬師講を毎月営むほか、春秋の永代経、4月の花まつり、7月の夏まいり、12月の報恩講など、多彩な行事を催している。亀水は漁港の町で、大小3,000の島々を抱える瀬戸内海で多彩な漁撈を営んできた。1973年には瀬戸内海歴史民俗資料館が開かれ、〈瀬戸内海及び周辺地域の漁撈用具〉†〈瀬戸内海の船図及び船大工用具〉†〈西日本の背負運搬具コレクション〉†など、充実した民俗資料を所蔵・展示している。

滝宮天満宮（たきのみやてんまんぐう）

綾川町滝宮（あやがわちょうたきのみや）。886〜890年に讃岐守として赴任した菅原道真が住したと伝える有岡屋形（ありおかやかた）の跡に鎮座。県内で最も有名な学問の神様で、毎年大勢の参拝者が訪れる。昔、隣にあった龍燈院綾川寺の空澄上人（くうちょうしょうにん）が、道真の没後に霊を祀ったのが始まりという。4月24日の鷽替え祭（うそか）では、鷽を受けた人々が境内で「替えましょ、替えましょ」と鷽を交換する。献麺式（けんめんしき）（饂飩祭（うどん））や菜種の餅投げ、豊栄の舞の奉納もある。8月25日の午後には、午前の滝宮神社に続いて〈滝宮の念仏踊（なつおどり）〉†があり、南無阿弥陀仏と唱えながら大団扇（おおうちわ）を振って跳ねるように踊る。道真が888年の大干ばつに際して城山で7日間の断食祈雨をした結果、3日間雨が降り続き、村人が歓喜踊躍（かんぎゆやく）したのが始まりで、後に道真の霊を慰めるために念仏を唱えるようになり、法然上人が振付を新しくして現在の形になったと伝える。

福家神社（ふけ）

まんのう町勝浦（ちょうかつうら）。海抜500mを超える山里の下福家（しもぶけ）に鎮座。高さ30m近い社叢は県下随一の衝羽根樫（つくばねがし）の樹林である。神櫛王臣下（かみくしおう）の後裔、福家長者が社を建て、王を氏神に祀ったのが始まりという。王は景行天皇（けいこう）の皇子で、勅命により瀬戸内海の悪魚を退治して讃岐に留まり、讃岐国造の祖（おうじ）となったと伝える。里人は皇子権現と崇め、旧暦9月9日に祭祀を営んだ。現在は10月に例祭を営み、獅子舞など奉納している。下福家では〈讃岐の茶堂の習俗〉‡も伝承している。旧阿波街道沿いの四つ足堂で春彼岸（はるひがん）と盆に地蔵を供養し、当番が握り飯や菓子を参拝者に接待する。2004年には屋根も葺（ふ）き替えた。本尊は大川山の神事場にあった石地蔵で、祀ってからは相撲取り坊主（すもとり）という妖怪が出なくなったという。昔は茶釜が掛かり、四国遍路（へんろ）や金毘羅参り（こんぴら）、借耕牛（かりこうし）の人々が大勢休んでいた。

加茂神社（かも）

まんのう町佐文（さぶみ）。昔、頻繁（ひんぱん）に雨乞いが行われた竜王山（りゅうおうざん）の北麓に鎮座。金刀比羅宮のある象頭山からは南麓にあたる。加茂大明神（加茂御祖神（かもみおやのかみ）と加茂別雷神（かもわけいかづちのかみ））を祀ったのが始まりと伝え、1907年に崖神社（がけ）（竜王）・妙見社（みょうけんしゃ）・飯木神社を合祀し、現在は別雷神を中心に闇淤加美神（くらおかみのかみ）・高淤加美神（たかおかみのかみ）・武甕雷神（たけみかづちのかみ）・経津主神（ふつぬし）を祀る。香川県は6年ごとに干ばつに陥るといわれるほど水に苦しんできた所で、溜池が全国一多い17,000か所も築かれた。821年に空海が満濃池（まんのういけ）を修築したことは広く知られている。佐文は雨の少ない県内でも特に水に恵まれない土地であ

ったことから、干ばつには祈雨踊として氏子総出で〈綾子踊〉†を社頭に奉納してきた。都から来た巫女が伝えたとされる踊は、芸態に江戸初期の歌舞伎踊がうかがわれる。昔は臨時で行われたが、今は隔年で8月末頃に奉納されている。

金倉寺（こんぞうじ）　善通寺市金蔵寺町。天台寺門宗別格本山。四国76。智証大師円珍の生誕地として有名。円珍の祖父和気道善が開創したと伝え、鶏足山と号す。明治期に乃木希典将軍が寓居した縁で、将軍の命日である9月13日に乃木祭を営んできたが、1989年の智証大師一千百年御遠忌を機に円珍・乃木まつりとして、9月第1土曜日に万灯会先祖供養、翌日に採燈大護摩供を実施している。2011年からは万灯会に合わせて大般若経典潜り（御般若様）も実施。600巻ある大般若経の下を潜って1年間の無病息災を願うもので、昔は講中ごとに各家へと大般若経を運んで行っていた。土曜日夜には〈シカシカ踊り〉の奉納もある。近隣農村部の盆踊りで、ゆっくりとした島踊りと「一合蒔いた」に続いて激しく軽快な舞を披露する。

三宝荒神宮（さんぽうこうじんぐう）　三豊市詫間町生里。荘内七浦の一つで浦島太郎の生誕地と伝える生里浦に鎮座。大浜浦にある船越八幡神社の境外摂社となっている。年頭の弓射行事、〈生里のモモテ〉†（百々手祭）で知られ、社殿は射場のような形となっており、殿内の小さな石祠には荒神山や地神山が祀られている。百々手祭は頭屋を中心に営まれ、旧暦1月8日頃に代表を決めて着手する。旧暦1月23日には頭屋と厄年の男衆が地区内の神正院へ二十三夜参りをし、護摩祈祷を受ける。同院は明見神社の真南に建ち、七宝山神宮寺と号し、本尊の虚空蔵菩薩は讃岐国一代守本尊霊場の2番となっている。旧暦2月1日頃には小笠原古流と伝える弓射が行われる。神前への飾り矢の奉納に続き、神の的（神の矢千筋／千本通し）、厄払いの的、頭屋の三度弓（大的破り）、鬼の的の順に、夕方まで弓射が続けられる。

萩原寺（はぎわらじ）　観音寺市大野原町。巨鼇山地蔵院と号す。空海が千手観音と地蔵の2体の菩薩像を刻み、前者は四国66巨鼇山千手院雲辺寺に安置して本尊とし、後者は当地に安置して当寺を開いたという。四国別格16。一願不動を祀って温座護摩を伝承し、四国36不動28ともなっている。境内には約2,500株の萩があって萩寺と親しまれ、県内屈指の萩の

名所となっている。赤白の可憐な花が咲き誇る9月には盛大な萩祭があり、御詠歌奉詠・野点茶会・骨董市・テニス大会などが催される。県西部では同じ頃に八朔（旧暦8月1日）の祭を盛大に営んできた。〈讃岐の馬節供〉‡とよばれ、立派な団子馬を飾って男児の健やかな成長を願う。団子馬は米粉の団子で肉付けした馬形で、1頭の値段は米1斗物で6万円ほどである。祝宴後に切り分けて客人・近所・親戚らに配る。ほのかな甘みで美味しい。

伝統工芸

丸亀うちわ

地域の特性

　香川県は、瀬戸内海国立公園の中心にある。面積は、約1880km²と全国で一番小さいが、少雨温暖な気候に恵まれ、オリーブの小豆島やアートの直島など、風光明媚な観光地が多い。瀬戸大橋で岡山県と往来し、西は愛媛県、南は徳島県と接している。

　約2万年前には、人が住み、遺跡からサヌカイト製の石器などが出土している。『日本書紀』には讃岐国の記述がある。大宝年間（701～704年）には空海の満濃池と呼ばれるため池の修築工事が開始された。

　平安時代には、伊予国で蜂起した藤原純友を、讃岐国の武士が、朝廷の追捕使とともに平定した。12世紀末、平氏は屋島の戦いにおいて源義経軍の背後からの急襲で敗北し、瀬戸内海の制海権を失った。

　鎌倉時代には、法然が讃岐に流刑された。南北朝～室町時代を通じては、守護大名の細川氏が讃岐国を支配した。戦国時代の戦乱を経て、江戸時代は、高松藩、丸亀藩、多度津藩の3藩と、天領、津山藩の飛地に分かれた。こんぴら参りが全国に広まり、伝統工芸も盛んになる。

　うどんが大人気の香川県を訪れると、織物や漆器、木工、石工など、受け継がれてきた手づくりの技に触れることもできる。

伝統工芸の特徴とその由来

　香川県の伝統工芸は、江戸時代に由来するものが多い。まずは、漆工の技の百貨店とも称される香川漆器は、高松藩が奨励したものだ。彫漆の名人、玉楮象谷も江戸時代後期に活躍した。高松藩主は、保多織という絹織物も開発させた。現在は、独創的な技の綿織物として愛用されている。

　丸亀うちわは、丸亀藩の武士の内職でもあったし、讃岐藩の姫君の手まりは、木綿糸を草木で染めて拵える讃岐かがりてまりにつながった。

讃岐一刀彫は金毘羅大権現に旭社という建物を建てるために各地から来た大工が、建築の端材で腕を競ったことに始まるといわれている。高松市の庵治石は、14世紀に石材として使われたが、産地が始まるのは江戸時代である。ほかにも、刺繍、やきものや刃物、人形、張り子など、江戸の伝統を伝える工芸が香川県に受け継がれている。

知っておきたい主な伝統工芸品

香川漆器 (高松市)
_{かがわしっき}　　　　1638（寛永15）年、水戸から入封した藩主松平頼重の保護のもと、漆器や彫刻が奨励され、幾多の名工を輩出した。中でも江戸時代後期の玉楮象谷（1806〜69年）は、中国伝来の漆塗り技法を研究し、日本古来の手法を加えて新しい分野を開拓して香川の漆芸の基礎を築いた。その後、磯井如真、後藤太平、香川宗石、音丸耕堂など名工が出現、また1929（昭和4）年には、香川県漆芸研究所が設立され、後継者の育成や伝統技法の保存と発展に寄与している。1976（昭和51）年には存清、蒟醬、彫漆、後藤塗、象谷塗の五つの技法が伝統的工芸品に指定され、現在でも高松市を中心に、多彩な特色ある漆器が数多く生産されている。それらを総称して「香川漆器」と呼ぶ。

　「存清」は、黒地や赤地、黄地などの上塗りに色漆で模様を描き、その図の輪郭を刀で線彫り、細部は毛彫りをして金泥で隈取りする。明治時代末期にかけて、欧米に数多く輸出された。

　「蒟醬」はタイ国の植物の実の名称だといわれる。何回も塗り重ねた塗面を刀で線彫りし、そこに色漆を埋め込み、表面を平らに研ぎ出す。沈金と似ているが、朱漆、黄漆の色ごとに彫り上げ充填させる作業を繰り返し、全部の充填が終わると表面を平らに研ぎ出す独特の技法で、格調の高さと華麗な文様から美術工芸品などに多くみられる。

　「彫漆」は、中国の堆朱、堆黒、紅花緑葉など何層にも塗り重ねた色漆の層を彫刻する技法として日本に伝えられた。繊細で美術的価値も高く、室内インテリアとしても評価されている。

　「後藤塗」は、発案者の後藤太平にちなんでの名称で、朱漆を刷毛で全体に塗った後、指で直接なでつけたり、たたきつけて器の表面に細かい模様を生み出す技法。飽きのこない文様と塗りの堅牢さから庶民に愛用され、香川県ではどこの家庭にも茶托や盆などに1、2点は使われているという。

使い込むほど深みのある色に変化する。

　「象谷塗」は創始者、玉楮象谷の名前を取った。木地に繰り返し漆を塗り、川辺や池に自生するマコモの粉を蒔いて仕上げる方法だ。素朴で歳月とともに渋みを増し、独特の陰影が出て、わび・さびの趣きがあるといわれる。いずれも、座卓、小箱、茶托、丸盆、文箱などの生活用品から茶道具など幅広く使われている。

保多織 (高松市)

　保多織という綿織物の特徴は、表面にある凹凸である。暑い日にはさらりと、寒いときにはふんわりと、気持ちのよい肌ざわりが心地よい。吸水性と保温性に富み、長もちする。きものやブラウス、ベビー服などの衣料はもちろん、バッグやポーチ、スリッパ、敷布、ふきんなど、暮らしに密着したアイテムに幅広く利用できる布地である。

　名称は、特徴の一つである「多年を保つ」の意味でつけられたといわれている。布に凹凸があるのは、変わり平織だからである。平織では、経(縦)糸と緯(横)糸を1本ずつ交差させる。保多織では、数回平織をしたら、次の回は糸を浮かせて、すき間をつくることで空気を含ませるという。浮かせた緯糸が見える面が表になる。表と裏では風合いも色も異なるので、裏使いの効果をねらうこともある。

　保多織の織り方は、絹織物として発明された。1689(元禄2)年、高松藩主松平頼重の命を受けた、京出身の織物師北川伊兵衛常吉が創始した。高松藩は、これを幕府への献上品とし、上級武士に限り着用を許した。織り方は一子相伝の秘法とされ、北川家の6代に継承された。明治時代になり、北川家の姻戚であった岩部家が、絹を綿中心に変え、機械化も進め、販路を拡大した。1960(昭和35)年前後を頂点として、数社あった織元は1社になったが、保多織の織りを愛する使い手に支えられて、保多織の商品開発や普及に努めている。

丸亀うちわ (丸亀市)

　丸亀うちわは、柄と骨が1本のタケでつくられているものが多い。柄には丸柄と平柄の両方がある。マダケやハチクなどを削って骨の部分をつくり、和紙を貼って、色をつけたり、柿渋や漆を塗ったりして仕上げる。涼を取るだけでなく、火起こし、食材を冷ます、応援の道具、室内装飾、拡販資材、装身具など、さまざまな用途がある。形や色は、用途に応じて自在につくられてきた。朱

色地に丸の中に金という文字を墨で入れた、丸金印入りの渋うちわは、四国の金比羅参りの土産物として全国にもち帰られた。印象に残るデザインである。

　熊本県山鹿市の来民うちわの由来は、1600（慶長5）年、同地を訪れた丸亀の旅僧が一宿の礼にうちわづくりを教えたことにあるといわれている。このことから、丸亀うちわの技法が江戸時代初期には確立していたとされる。1633（寛永10）年に、天狗の羽団扇にちなむ、丸金印の渋うちわが考案された。タケと和紙の良材が近隣で揃えられる上に、丸亀藩が藩士の内職にうちわづくりを奨励したことで、全国有数のうちわ産地となる。「伊予竹に土佐紙貼りてあわ（阿波）ぐれば讃岐うちわで至極（四国）涼しい」と歌い継がれるようになった。

　47以上ある製造工程は、ほとんどが手仕事である。素材の処理や糊の濃淡などから意匠まで、手加減し、工夫を凝らしてつくり上げられている。1997（平成9）年に国の伝統的工芸品に指定された。丸亀市のうちわの港ミュージアムでは、丸亀うちわの歴史やうちわづくりについて、展示、実演と体験から学ぶことができる。

讃岐かがり手まり（高松市）

　手まりは、各藩の奥女中たちが姫君の玩具に色とりどりの絹糸を使ってつくったものが庶民に広まった。江戸時代、讃岐国は「讃岐三白」といわれる木綿、塩、砂糖が特産品だったため、その中の木綿糸を草木で染めて手まりをつくった。特に讃岐地方の西部（西讃）で盛んにつくられたが、明治時代になると、ワタ栽培が下火になり、しかも安価でよく弾むゴムまりが普及したことで、糸でかがる手まりは全国的にも衰えた。

　1965（昭和40）年、高松市の栗林公園内に日本各地の生活用具や郷土玩具などを所蔵する讃岐民芸館が設立された。そのとき設立にかかわった県職員の荒木計雄は、地元に伝わる木綿手まりの存在を知った。当時、観音寺地方を中心に、数人の女性たちの手で細々とつくられていたが、郷土文化として伝承しようと、その復元と普及に尽力した。1977（昭和52）年に「讃岐かがり手まり」と命名し、1983（昭和58）年には、妻の八重子とともに観音寺市に「讃岐かがり手まり保存会」を立ち上げた。そして1987（昭和62）年に、香川県の伝統的工芸品の指定を受けた。二人の遺志は荒木永子が受け継ぎ、講習会や展示会など手まり文化とその技術を伝える活動を

行っている。

特徴は「木綿糸を使う」「草木で染める」「芯はもみ殻」「手でかがる」の四つである。江戸時代、ワタは育てやすく糸にしやすいので庶民に栽培された。現在は既製の糸から細工しやすいものを選んでいるが、かつての讃岐地方で栽培されていた和棉を復活させようという動きもある。化学染料のない時代には、植物から色を引き出して染色したが、木綿は草木の色に染まりにくいので、ダイズの絞り汁の呉汁に浸けてから染液に浸ける。また手まりの芯にはもみ殻を薄手の紙に包んで、これに木綿糸を巻いて丸い土台にする。日本は稲わらやもみ殻を使う文化だった証でもある。その土台の上に、手まりを等分に分割する地割り線をかがる。まりを地球に例えて、北極、南極、赤道を基準にして、地割り線を目安に規則的に糸を行き交わし、キクやサクラの花や、七宝や篭目など日本の伝統模様を幾何学的なかがりの技法で生み出していく。ストラップやネックレス、インテリアなどギフトや引き出物などとして人気を呼んでいる。

讃岐一刀彫（高松市）
<small>さぬきいっとうぼり</small>

讃岐一刀彫には、達磨、七福神、不動明王、干支、瓢箪など、鑿の刀痕に特徴のある置物が多い。天然木を大小いくつもの叩き鑿や彫刻刀を使い分けて、思うような安定感と力強さのある形に仕上げていく。天然木が年月を経て深い色に変わっていく。乾拭きをして育てる鑑賞の仕方は伝統的なものだが、水玉やボーダーなど、はっとするような現代的な色調の達磨がブームになっている。確かな彫刻術から生まれたアートが、暮らしを楽しませてくれる。

1837（天保8）年、金毘羅大権現に旭社（重要文化財）が建立された。銅瓦葺の二層入母屋造の建物には、多くの彫刻が施されている。建立のために全国から集められ宮大工たちが、木端に鑿を入れ、腕を競い合ったのが讃岐一刀彫の始まりといわれている。一刀彫の技法は、琴平工業徒弟学校彫刻科（1898（明治31）年開校）において伝習され、金刀比羅宮（さぬきのこんぴらさん）の土産として広まった。当初は宮のクスなどを用いたが、今は、コエマツや宮以外のクスなどでつくられている。讃岐一刀彫のつくり手が彫った達磨に、香川漆器の塗師が漆を塗り、互いのもち味を引き立てる作品もつくられている。

庵治産地石製品（高松市牟礼町）
<small>あじさんちいしせいひん　むれちょう</small>

彫刻家イサム・ノグチに絶賛された、庵治石の特徴は、石の肌がきめ

細かく美しいまだら模様にある。墓石や石碑、石像、石灯籠、石臼などのほか、照明器具や食卓上のプレート、置物や小物などの庵治産地石製品には、庵治石のもち味が活かされている。

　庵治石は、高松市の東部に位置する五剣山の麓で採掘される花崗岩（かこうがん）である。石英、長石、雲母などの小さい結晶が結合したもので、粒子の細かさから、細目（こまめ）、中細目（ちゅうこまめ）、中目（ちゅうめ）などに分けられる。特に、細目のものを磨き上げると、「斑が浮く（ふ）」といわれる独特な模様がみられるという。

　庵治石は、1339（延元4／暦応2）年、石清水八幡宮の再建の際に使われたとされる。1814（文化11）年の屋島東照宮造営の頃に、和泉（大阪府）から呼ばれた石工が、造営後に庵治で石材業を始めたという。明治時代には、寺社の石造物を中心に加工が行われた。やがて、場師と呼ばれ採掘を行う山石屋と、仕立師といわれる加工石屋とに分業されて今に至る。第二次世界大戦後は機械化、自動化により技術が改良された。現在では、機械と石匠の技を組み合わせ、ステーショナリーなど身近に石の美を愛でることができる商品も開発されている。

民　話

地域の特徴

　香川県は四国の北東部に位置し、全国で面積が最も小さい県である。北は瀬戸内海に面し、小豆島をはじめとする塩飽諸島（しわく）や直島諸島（なおしま）など100余りの島々を有する。対岸は岡山県で瀬戸大橋が架かり、本州と四国を道路と鉄道でつなぐ。架橋以前から海上交通の要として、近畿や九州だけでなく、朝鮮、中国を結ぶ役割を果たしてきた。

　南は徳島県との境に讃岐山脈がある。そこから扇型に広がる讃岐平野は、県面積のほぼ半分を占める。比較的大きい川の香東川、綾川、土器川（どき）も全長約33〜38kmと短い。川の水量と降水量が乏しいため、渇水に苦しんできた歴史がある。その備えとして16,000余りのため池があり、その密度は全国一である。中でも満濃池（まんのういけ）は香川出身である空海（弘法大師）が修繕にかかわるなどの歴史をもち、規模もまた全国一である。

　瀬戸内海に面して日照時間に恵まれいることから、製塩業が古来より盛んで、同じく名産であった綿、砂糖とならび「讃岐三白（さぬきさんぱく）」と称された。文化圏としては、県の東側は高松藩が治めた東讃（とうさん）、西側は丸亀藩が治めた西讃に大きく分かれる。うどん県と称されるが、だしつゆは各地域で異なる。

伝承と特徴

　香川県は島の方に、より豊かな昔話が残されていると評されるが、一方で谷原博信らによる高松市付近の採話もある。1945年7月4日の高松空襲を子どもの頃に聞き育った人が多く、次世代に語り継ごうという動きもある。

　香川の民話を精力的に採集した武田明は、話の運搬者は、話に登場するほうろく（素焼きの鍋）売りやいいだ（桶職人）ではないかと指摘する。語りの場は、都市部では、冬のこたつ、夏の夕涼みの縁側。島では、浜辺の夕涼みでも語られた。庚申講の夜も盛んに語られ、「今夜庚申さま、とりつれてお出で　とりが歌うたら寝て話せ」と歌われた（『讃岐の民話』）。

また、海運から家内安全まで全国の信仰を集めたこんぴら参りや、四国巡礼でも語られている。琴平町の金比羅参りは、伊勢参りと同じく「犬の代参」が伝えられるほど江戸時代から人気があった（『こんぴら狗』）。

　昔話の呼称は、ほぼ「むかしばなし」「はなし」であり、塩飽諸島や佐柳島、志々島で「むかし」といったりする。発句は「とんと昔」が多い。そのほか西讃岐では「とんとん昔もあったそうな」など。島の地域では「昔（も）あったそうな」（本島、佐柳島、志々島）、「ざっと昔」（佐柳島）。結句は、「猿のつびはぎんがり」（まんのう町）、島の地域で「そうじゃそうな、そうらえばくばく」（志々島・佐柳島）、「昔まっこう、じょうまっこう」（直島）などがある。本島にも「昔まっこう、猿のけつはまっかっか」があり、まっこう系は徳島県南部、高知県、広島県備後地方、大分県国東半島、島根県出雲地方でも報告されている。瀬戸内海の海路による伝播が考えられる興味深い例である。

　以前 TV で放映されていた『まんが日本昔ばなし』では、山がおわん型に描かれることがあるが、これは香川県特有の山のかたちである。作画で参加していた池原昭治（1939～）が香川県の出身であるためという。

おもな民話（昔話）

ふぐとひらめ

　「ふぐとひらめがな、死んだんやそうな」と始まるこの話は、「閻魔はん」が死んだものが極楽へ行けるかを決める。ヒラメは「うん、おまえはええ魚やけんに極楽にやってやる」と言われ、極楽へ行けた。ふぐも極楽を願うが「おまえは人が食べたら命をとるやつやけんに、おまえは極楽行けん、地獄や」と。ふぐは、せめて極楽を見たいと極楽の門を少し開けてもらうと、すっと中に入ってしまう。鬼が「おまえは地獄行きなのに極楽入ったらいかん、出てこい」と言うが、ふぐは「鬼は外、ふぐは内」と答えて極楽へ逃げてしまった。

　これは粟島に伝わる話（『日本の昔話12　東瀬戸内の昔話』）。大阪、京都、島根などに類話がみられる。他県では、おふく婆というずる賢いおばあさんの話として語られることもある。

桃太郎

　変形の桃太郎が何話か採話されている。例えば佐柳島の話では、おばあさんは、川で洗濯をしていて流れて来た大きな桃をその場で食べる。美味しいので、おばあさんは「もう一つ、流れてこい。

じいさんの口へもとびこめ」と言うと、山で木をとっていたじいさんの口に桃が飛び込む。二人は若返り桃太郎が生まれる。鬼退治に行く際に、犬猿雉をつれて山の中で日が暮れて困っていると、家の明かりが見える。そこで会ったおじいさんに、鬼退治に行くと話すと、「それでは、酒一升と鬼の豆をやるけに、これで退治して来いや」と酒と豆をもらう。桃太郎が、鬼に酒を飲ませ動きを鈍らせて退治するくだりは、酒呑童子の話をほうふつさせる（「佐柳島志々島昔話集」『日本の民話5　讃岐の民話』）。

　また、岡山や広島など中国地方に多い山行き型も採話されている。以下に三豊市の話を紹介する（『西讃岐地方昔話集』）。桃から生まれるモチーフはなく、桃太郎は爺と婆と三人で住んでいる。友達が「山へ芝刈りに行かんか」と誘いに来るが「今日は草鞋の作りかけしよるけん明日にしてくれ」と言い訳をして、行かない。翌日も翌々日もと3回断わり、4日目に重い腰をあげる。友達と山へ行くが、昼寝をしている。友達が芝を束ねて帰ろうとすると、大木を引き抜いて家に帰り、家に立てかけた。家は崩れて爺と婆は下敷になって死ぬ。桃太郎は爺と婆を助けようと家の中を探し大きな盥を見つける。それに乗り川を下って島に流れ着いた。島では青鬼と赤鬼が相撲をとっており、赤鬼が負けたので桃太郎が「赤鬼ウワハイ」と囃したてると赤鬼は怒って「赤い豆やるきん黙っとれ」と言う。今度は青鬼が負けたので囃すと、青鬼は「青い豆やるきん黙っとれ」と言う。そして赤鬼と青鬼が一緒に転んだのを囃したてると、二匹は桃太郎に襲いかかってきた。桃太郎は鬼たちを海中へ投入れ鬼の住家の宝物を取って家に帰った。

　さらに高松市には鬼無という地名があり、鬼を退治して鬼がいなくなったからという由来がある。加えて、高松港からフェリーで20分ほどの女木島には、人工の洞窟がある。この鬼無と女木島を結びつけ、橋本仙太郎は1928（昭和3）年、『四国民報』に「桃太郎」の発祥の地は讃岐の鬼無であるとした記事を書いた。現在、女木島の洞窟は鬼の住処だったとされて、鬼ヶ島大洞窟という名で観光名所になっている。鬼無の熊野権現桃太郎神社の境内には、桃太郎、犬、猿、雉の墓とされる石がある。神社近くの鬼ヶ塚は、女木島で一度降参した鬼が桃太郎を追ってきたが退治され埋められた場とされる。また、本津川沿いにはおばあさんが桃を拾った洗濯場といわれる場所もある。

手なし娘　　とんとんむかし。宿屋の娘に亡き先妻の子お杉と、後妻の子お玉の姉妹がいた。殿様が宿泊し、お杉を嫁に欲しいと言う。後妻はそれが気に入らない。殿様が江戸に行っている間に、下男にお杉の両手を切り落とさせ追い出した。殿様から手紙が来るが、後妻は偽の返事を出す。お杉は仏にすがり四国巡礼となり、途中で殿様の子を生む。後妻は、お杉を殺せば娘のお玉が殿様の嫁になれると考え、人を差し向ける。お杉は山道で殺されそうになり、子どもだけは助けてくれと懇願する。しかし、子どもは谷に落とされ、お杉が嘆き悲しむ。すると弘法大師が現れ両手を授けてくれた。子どもも助かり、お杉は殿様のお屋敷で子どもとともに暮らすことになった。後妻は、弘法大師に両手を奪われ、巡礼となって旅に出る（仲多度郡多度津町、および丸亀市で採話。『西讃岐地方昔話集』）。

　グリム童話など世界的に類話がみられる話。断片化しているが、世界的にみられる「ウリヤの手紙」（手紙を書き換えて内容を偽る）のモチーフと共通する。香川県の場合、追い出された女が四国巡礼し、援助者として弘法大師が現れるのが特徴的である。

玉取姫　　昔話としては、長崎県、徳島県、石川県、新潟県、秋田県など限られた地域に、ほぼ1話ずつ採話される程度である。さぬき市志度町の志度寺の縁起として下記のように語られる。能「海人（士）」の演目も内容は類似する。むかし、藤原鎌足には三人の子どもがあり、三人目は美しい姫であった。その美しさを聞いた唐の皇帝、高宗が妃に迎えた。妃は亡き父の孝養に帝から3つの宝をもらい、兄の不比等に贈る。船で都へ向かう途中、房前の浦（現・志度湾）で、海の中から現れた手に一つの宝玉を奪われる。不比等は房前の浦を訪れ、身分を隠して海女と結婚する。男子にも恵まれ三年経った時、不比等は身分を明かして宝玉を取り戻したいと海女に話す。海女は不比等のために玉を取りに行き命を落とすのはいとわないが、息子が心残りだと泣く。不比等は息子を立派に育てることを約束する。海女は体に縄を結びつけて海に潜り、竜宮から玉を取り戻る途中で龍神に追われる。そこで自分の乳房を切って中に玉を隠す。不比等は綱を必死で引き上げるが、海女は息絶えていた。取り戻した玉は奈良の興福寺の釈迦如来の眉間に入れられた。不比等は息子を都に連れ帰り、房前と名付けた。海女を弔うために志度寺が建てられる。房前は大臣にな

り、志度寺を訪れ、石塔を建てて海女の菩提を弔った（『寺院縁起と他界』）。

阿波と讃岐と大阪の人

阿波と讃岐と大阪の人が、宿屋で一緒になった。その宿の松の木に鳥の巣があった。阿波の人が「あれはにわとりの巣じゃ」、讃岐の人は「あれは小鳥の巣じゃ」、大阪の人が「あれはカラスの巣じゃ」と言いあいになった。三人は賭けをして、宿の番頭に聞くことにする。三人とも、番頭に袖の下を渡して自分が正しいと言ってくれと頼む。番頭は、「あれはにわとりの巣じゃったが、子を産んで小鳥の巣になった。それがおらんようになって今では空巣（カラス）になってしもうた」と言った。番頭は三人からの袖の下を全部もらったそうな（『西讃岐地方昔話集』）。

これは綾川町の話である。「鳥の巣」の話は報告例は多くないが、四国や九州、本州にもみられる。阿波と大阪の人が登場するのは、両地域との交流を物語るものであろうか。

おもな民話（伝説）

讃岐の狸

弘法大師が、いたずらばかりする狐を「四国へは渡ってはならぬ、ただ本土との間に鉄の橋が架かったら渡ってもいい」と追い出したので、四国には長らく狐はいなかったという（「讃岐丸亀地方の伝承」）。狸の説話は多く、特に屋島には狸の大学校があるという。狸たちはそこへ行き化かし方を学ぶ（『東讃岐昔話集』）。屋島の太三郎狸は、日本三大狸の1匹で、変化の技は日本一と評される。ジブリの長編アニメ『平成狸合戦ぽんぽこ』でも、四国の長老として登場した。現在も屋島寺に蓑山大明神として祀られている。屋島は、那須与一が扇の的を射抜いた源平合戦の舞台となった場所でもある。屋島寺の住職が代替わりすると、その夜に狸が袴姿で現れて、寺の庭を舞台に源平合戦の様子を物語って披露したという。

その弟分に、はげさんという狸がいる。はげさんは、源平合戦の時に物騒だと屋島から高松市番町の浄願寺へ移った。日露戦争へ行き、日本軍が大勢いるように見せかけてロシア軍をひどく悩ませたという。また坊さんに化けて病人に灸をすえ、何人もの病気を治した徳が称えられ、白禿大明神として祀られている（「讃岐伝説玩具」）。ある時、はげさんは、お灸に出た先で川を渡してもらうために男に金を約束する。はげさんは金の茶釜

に化け、男は高く売って金をもらう。売られた先で毎日磨かれたため、はげさんは頭がはげて逃げ帰る。痛くて泣いていると、浄願寺の住職が仏様のお供えの鏡餅を三つくれたので、泣き止んだ。それで「今泣いたのだあれ　浄願寺のはげだぬき　お鏡三つで泣きやんだ」というわらべ歌にうたわれる（「讃岐民俗稿本」武田明『讃岐の民話』）。このほか、「狸は40日先のことを知っとる」ともいう。佐柳島では、ある男が狸を助けると、狸は男の家に40日先に強盗が入ることを教えに来たという、話もある（『候えばくばく』）。

満濃池の竜

金刀比羅宮の南東約3kmに位置する満濃池には、池の主の竜が住むと昔からいわれている。平安時代末期の説話集『今昔物語集』巻20第11話「竜王、天狗の為に取らるる事」に、このような話が伝わっている。

満濃池に住む竜が、小蛇に姿を変えて堤の上でとぐろをまいて日向ぼっこをしていた。すると近江の天狗が鳶に姿を変えて池の上を飛んでいたのだが、小蛇を見つけて爪でつかんでさらってしまった。竜の方が力は強いとはいえ、小蛇の姿ではどうすることも出来ない。天狗は後で蛇を食べようと比良山の洞穴に投げ込んだ。竜は、水を体に振りかけないと元の姿に戻れない。4、5日そのままでもう死ぬばかりという時、そこへ今度は比叡山の僧が同じくさらわれて、穴に投げ込まれてきた。僧は手洗いの瓶を持っていた。そこで竜はその水を一滴かけてもらい、力を取り戻し本来の姿となって、雷鳴とともに僧を比叡山に送り届けた。その後、竜は天狗を見つけ出して蹴り殺したそうだ（『讃岐の伝説』）。

おもな民話（世間話）

大男おじょも

むかし、おじょもという大男がいた。瀬戸内海をまたいでやってきて、かがんで海を飲むような大男だった。ある時、飯野山（讃岐富士）と金刀比羅宮のある象頭山（ぞうずさん）に足をかけて、小便して出来たのが土器川という。飯野山の山頂には、おじょもが足をかけたときの足跡と言われるくぼみが残されたという。そのため金刀比羅宮の参詣者にたびたび、「象頭山の方にもおじょもの足跡はありますか」と尋ねられるが、「足跡があれば面白いですが、象頭山にはございません」と答えているという（金刀比羅宮奥社厳魂神社神宮岡田正浩氏より筆者聞き書き）。

妖怪伝承

高坊主

地域の特徴

　香川県は四国の北東部に位置し、47都道府県のなかで最も面積の小さい県である。しかし、山地が圧倒的に多い四国のなかで、例外的に平野部が県域の大半を占め、四国の中心的地域として発展してきた。気候は温暖で天災も少ないが、瀬戸内式気候のため雨が少なく、昔から水不足に悩まされ続けており、おびただしく残る溜池がそれを物語っている。

　大きく分けて、東はかつての高松藩、西は丸亀藩の支配を受けていたという歴史的背景もあって、東西で方言が少し異なっているなど、若干の文化的差異がみられる。また、小豆島は中世までは備前国（現在の岡山県）、近世は天領であり、阪神地域により近いという地理的条件もあって、独自の文化圏を形成している。

伝承の特徴

　四国は狐の生息数が日本の他の地域に比べて極端に少ないため、その文化的役割を狸が肩代わりしてきた。そのため、人を化かす動物の第一は狸であり、さまざまな怪異現象が狸の仕業として語られる傾向が非常に強い。とりわけ徳島県はこの「狸信仰」が最も強い地域として知られるが、香川県もまたそれに次ぐ「狸文化圏」である。屋島の太三郎狸や浄願寺の禿狸をはじめとして、固有の名称をもつ狸も多く、神として祀られているものも少なくない。しかし、小豆島では狸よりもカボソ、すなわちカワウソが人を化かす話が圧倒的に多い。四国でも瀬戸内海の島嶼部や愛媛県の一部では、狸よりもカワウソが化かす話が多くなる。どのような条件が関係しているものか、いずれにしても興味深い事実である。

　また、香川県の妖怪伝承の特徴として、路上の怪異の話が非常に多いということが挙げられる。アシマガリ、打綿狸、ケマリ、シロウズマ、徳利回しなど、進行を妨害するさまざまな怪異の伝承が多く、そして七人童子

のような「行き遭い神」の話も多く聞かれる。とりわけ後者は、四国およ
び岡山県を中心にみられるナワスジ・ナオスジ・ナワメスジ・マショウミ
チなどとよばれる魔物が通る道の伝承とも関連している。

主な妖怪たち

青坊主 仲多度郡まんのう町に伝承される妖怪。人の前に現れて「首
吊らんか」と誘うという（『香川の民俗』41）。綾歌郡綾川町で
もクビツリガミサンというものがあり、憑かれた当人にしか見えないが、
木の枝から縄を垂らして実に楽しそうに首吊りを繰り返すので、それを見
ているうちに本当に首を吊ってしまうという（『四国民俗』15）。

アシマガリ 路上の怪。「まがる」とは「邪魔をする」という意味の
方言で、綿のようなものを足に絡みつかせて進行を妨害
する。狸の仕業とされた（『讃州高松叢誌』）。また、子猫のようなものが
足にまとわりついて離れないともいう（『香川の民俗』41）。綾歌郡綾川町
羽床上長谷のミチマガリ地蔵は、山から丸いものが転げてきて足に「まが
って」くるので、それを封じるために置かれたものとされている（『香川
の民俗』31）。

阿波爺 綾歌郡綾川町西分の阿波爺という峠には、昔阿波の老人がこ
こまで来て死んだという伝承があり、爺の化け物が出るとされ
ていた。あるときそこを通った飛脚が「阿波爺阿波爺と言うたって、お爺
やこしどこっちゃにおらんが」と言うと、ガザガザッと音がして「ここに
おるぞー」と言って出てきたという（『香川の民俗』25）。

牛鬼 高松市北西部の連峰・五色台の峰の一つ、青峰に棲み人畜を害
していたという怪物。山田蔵人高清という弓の名人がこれを退治
することになり、青峰にある四国八十八箇所の第82番札所となっている
根香寺の観音に21日の願掛けをして、一夜に矢を5本ずつこしらえた。牛
鬼は前もって矢の数を読んでいて、すべての矢を使い果たした頃合いを見
て襲いかかってきたが、高清の妻が1本だけ隠し矢をこしらえておいたの
で、その隠し矢で牛鬼を射止めることができたという（『笠居郷風土記』）。
根香寺には、そのときに退治された牛鬼の角とよばれるものと、牛のよう
な頭部にコウモリのような飛膜状の翼をもつ牛鬼の姿を描いた掛軸が伝わ
っている（非公開）。

打綿狸
（うちわただのき）

仲多度郡多度津町堀町に出たという路上の怪。道に綿切れが落ちているのを拾おうとすると動き出し、空に上ってしまう。それは打綿狸であるといわれた。これが出た堀町には昔、綿打屋が2軒あったという（『民間伝承』4-11）。

大火焚き
（おおびたき）

オビタキ、ユルギカキともいう。高松市西部では、夜に墓地などで大坊主が火を焚いているといい、着物の左袖をかぶって坊主を手招きすると飛んでくるとされるが、恐ろしいので誰も試みた者がいないという（『笠居郷風土記』）。綾歌郡綾川町では、頭巾をかぶった4人の男が火を担いでいるとか、相撲取りの姿をした者が松明を灯しているともいう（『綾上町民俗誌』）。

カボソ

小豆島を代表する妖怪。カボソとはカワウソのことであるが、得体の知れない人、何を考えているかわからない人を「カボソみたいな人」と表現することがあり、人を化かす妖怪的存在として捉えられていたことがわかる。カボソの悪戯（いたずら）としてよく知られているのは、知人の声を真似て家の外から声をかけるというもので、これを「カボソに呼ばれた」といっている。その他、若い娘や子どもの姿に化けて現れたり、人を道に迷わせたりといった、他の地域での狐や狸と同様の悪戯をするとされている。小豆島町の草壁桟橋の近くには、カボソが多く棲む「カボソ山」があり、よく人を化かすので、ある勇敢な男に頼んでカボソの穴を潰してもらった。しかし、それから10年ほど経って、小雨の降る夜などに海岸でシャリシャリと砂を掻くような音がするようになった。これは「砂磨き」とよばれ、カボソが元の穴を恋しがって砂を掻いているのだとされた（『小豆島の伝説と民話』）。また土庄町柳（とのしょうちょう）には、かつてカボソを神として祀った獺（かわうそ）神社があり、霊験あらたかであったという。

川女郎
（かわじょろう）

仲多度郡まんのう町や多度津町に伝承される妖怪。大水が出て堤が切れそうになると、「家が流れるわ」と泣くという（『民間伝承』4-11）。川女郎は美しい女性の姿で現れるという話もあるが、馬鍬のような歯をしていてとても恐ろしいともいう。柘植の櫛（つげのくし）が嫌いなので、川女郎が出るとされる場所の近くを通るときには、柘植の櫛を口にくわえて通るとよいという（『綾上町民俗誌』）。

ガーラ

三豊市ではいわゆる河童のことをこうよぶが、これはまたタガメという虫のことでもあり、この虫が川や池で泳いでいる子

どもを襲って尻を抜くと考えられていた。瀬戸内海に突き出た荘内半島の付け根に続く海沿いの村々では、7月7日に七夕様の笹や供物のキュウリを海や川に流したが、そのキュウリを求めてガーラが集まってくるので、この日は海や川に入るものではないといわれていた（『香川の民俗』2）。

ケマリ　仲多度郡まんのう町に伝承される妖怪。灰色の毛が生えた手毬（まり）のようなものが転がってきて足元にまとわりついてくるので、蹴飛ばすとそのたびに少しずつ大きくなり、ついには股ぐらいっぱいの大きさになって歩くこともできなくなるという（『香川県史第14巻　資料編　民俗』）。綾歌郡綾川町にもワタマワシといって、道に落ちている綿切れを蹴ると次々に大きくなっていくという怪が伝承されている（『綾上町民俗誌』）。

ゴゼンボウ　小豆島に伝承される妖怪。裸の子どもの姿で現れ「相撲を取ろう」と言ってくる。こちらが勝つと、今度は少し大きいものが現れ、負かすとさらに大きなものが現れ……という具合にどんどん大きくなっていく。しかし、仏壇に供えてあったものを食べていれば逃げていくので、夜道を歩くときは必ずそうしたという（『小豆郡の民俗聞取り集　池田編』）。

七人童子　県西部に伝承される路上の怪。七人同行（どうぎょう）ともいう。丑三つ時に四つ辻を通ると七人童子に出会うとされ（『民間伝承』4-11）、これに行き会うと病気になるとか、投げ飛ばされるという。また獣や耳の動く人には見えるとされ、四つ辻で牛が急に立ち止まって動かなくなったので、牛の股から向こう側を見ると、七人同行が行列して歩いていくのが見えたという（『讃岐民俗』2）。なお、仲多度郡から三豊郡にかけては、七人童子（同志）は寛延の百姓騒動の折に処刑された7人の同志の怨霊、三豊市仁尾町では長宗我部元親（ちょうそかべもとちか）に討ち取られた仁尾城の7人の侍の怨霊とされ（『香川の民俗』29）、単なる妖怪ではなくその土地の実際の歴史と深く関わったものと考えられている。三豊市の粟島では、七人童子は通常とは逆向き（逆打ち）に四国遍路をしているので、7人で四国遍路に行くと七人童子に行き会う、あるいは七人童子になってしまうとされていた。もしどうしても7人で遍路に行かなければならないときは、布で人形をつくって一緒に連れていき、8人になるようにした。この人形にも納め札をもたせるが、札には「城山イチコ」という名前を書いたという（『粟

島の民俗』）。

ショウカラビイ　小豆郡小豆島町神浦でいう海の怪。沖で夕方、雨が降り出しそうなときにこちらと同じくらいの大きさの舟が現れる。それがショウカラビイの舟であることは、帆が反対に向いているのですぐにわかる。「杓をくれ」と言ってくるが、言うとおりに貸してしまうと、その杓で舟のなかに水を汲み入れられてしまうので、杓の底を抜いて貸さなければならない（『小豆郡の民俗聞取り集　池田編』）。

城崩れ　小豆島の星ヶ城山麓、とりわけ旧内海町（現・小豆島町）に多く伝承される祟り神。星ヶ城は南北朝時代に南朝方の佐々木信胤が築城した城であったが、1347（貞和3）年に北朝方の細川師氏に攻められて落城した。その際に非業の死を遂げた者の霊を祀ったものが城崩れの神であり、うっかりすると祟られるという（『小豆島今昔』）。

シリウマオイ　綾歌郡綾川町でいう。夜道を歩いていると、後ろから人がついてくるような足音が聞こえるが、振り返っても誰もいない。これをシリウマオイといった（『四国民俗』8）。

シロウズマ　綾歌郡綾川町に伝承される妖怪。畑の隅に積んである藁などをどけると、その下から丸い石のようなものが転がり出てくる。棒などで叩こうとすると先へ先へと転がっていき、それを追いかけていくうちにいつの間にか山の中に迷い込んでしまうという（『四国民俗』8）。

シロブスマ　仲多度郡まんのう町の造田家の土蔵の中に棲むという妖怪。一つ目一本足の妖怪で、雪の降った日には土蔵の外に出て歩き回るので、その足跡が雪の上に残っていたという（『香川の民俗』43）。

太三郎狸　源平合戦の古戦場として知られる高松市の屋島に棲んでいたという狸。屋島寺の本尊のお使いともいわれ、「蓑山大明神」として祀られている。寺に異変が起こる前には必ず住職に夢告げをして知らせ、また住職の代替わりの際には幻術を用いて源平合戦の光景をみせるとも伝えられている。四国の狸のなかでも親分格とされ、狸たちは屋島に行って化け狸としての修行をするともいう。なお、徳島県には阿波の狸合戦を「屋島の禿狸」が仲裁したという伝承があるが、これは屋島の太三郎狸と高松市番町の浄願寺の禿狸とを混同したものと思われる。

豆腐　丸亀城下に伝承される怪。丸亀城を築く際に、通りかかった豆腐屋を人柱として生き埋めにした。その祟りで、雨のしとしと降る寂しい晩には「豆腐、豆腐」という悲しげな売り声が聞こえるという（『郷土研究』7-2）。丸亀市土器町から城下に入るには土居町の橋を渡らなければならなかったが、日が暮れると「豆腐」が出るので橋を渡ってはいけないと子どもたちを戒めていたという（『香川の民俗』29）。

徳利回し（とっくり）　路上の怪。徳利転がりともいう。道を歩いていると徳利が足元に転がってきて歩くのを邪魔するという。また、丸亀市には徳利狸とよばれる狸の伝承がある。酒徳利に化けて道路の真ん中に立っており、拾おうとするとコロコロと転がってどうしても捕まえることができないという（『郷土研究』7-2）。

トリケ　踏切や川・池など、ある特定の場所で、人を死に誘い込むもの。トリキ、誘い神ともいう。その場所で先に死んだ者の亡魂がそこに留まり、通りかかった者を誘い込むのだという（『郷土研究』7-2）。

抜け首　県東部などでいう。夜になると首が抜け出してさまよう一種の特異体質をもつ人で、高松市西部では丙午（ひのえうま）の年、丙亥（ひのえい）の丙夜（ひのえ）（三更、0時頃）に生まれた女が抜け首になるとされた（『笠居郷風土記』）。さぬき市多和では、抜け首になる者は首に輪のような筋が入っているので、首に輪の入った女は嫁にもらうなといわれた（『香川の民俗』11）。

禿狸（はげだぬき）　高松市番町の浄願寺に「白禿大明神」として祀られている狸。屋島の太三郎狸と並び称される有名な狸で、近所の貧しい老夫婦を助けるために茶釜に化けて売られていったが、買った金持ちが毎日のように磨くので頭が禿げてしまい、痛さのあまり泣いていたところ、浄願寺の住職がお供えの餅を三つ与えてようやく泣きやんだといい、「今泣いたん誰かいの、浄願寺の禿狸、お飾り三つでだぁまった」という歌が伝わっている。また、日露戦争（日清戦争とも）の際には小豆1升を携えて大陸に出征し、小豆1粒を兵隊一人に見せかけて敵兵を混乱させたという。

枕小僧　さぬき市多和の大窪寺の寺務所に出たという妖怪。夜、寺務所で寝ていると、小さい子どもが足の上に立っていて、目は覚めているのに身動きがとれない。だから寺務所では寝てはいけないとされた（『香川の民俗』11）。

高校野球

1896年に香川県尋常中学（現在の高松高校）で県内初の野球部が誕生．翌97年に同中学丸亀分校（現在の丸亀高校），1909年香川商業（現在の高松商業）でも創部され，15年の第1回大会では高松中学が四国代表となった．以後，高松中学・高松商業の2強を軸に展開し，24年に始まった第1回選抜大会では高松商業が優勝した．翌25年には高松商業が春夏連続して出場，春は準優勝，夏は優勝して，早くも全国屈指の強豪県であることを印象づけた．27年夏にも高松商業が優勝している．

54年夏，戦後低迷を続けていた高松商業が甲子園に復活．60年選抜では山口富士雄による史上初のサヨナラホームランで優勝した．翌61年選抜でも決勝まで進み，再び全国屈指の強豪校に戻った．

また，坂出商業，丸亀商業が台頭，高松商業とともに県球界を商業高校勢が牛耳った．坂出商業は戦前にすでに4回甲子園に出場していたが，55年夏に甲子園に出場するや，いきなり準優勝を果たし，57年には国体で優勝している．丸亀商業は63年選抜に戦後初出場し，69年〜87年にかけて8回出場，高松商業と勢力を二分した．

この時代に風穴をあけたのが尽誠学園高校である．関西のボーイズリーグなどから選手を集める手法で一躍県内の強豪校にのし上がり，以後全国的に知られるようになった．

95年選抜では観音寺中央高校が旋風を巻き起こした．阪神大震災で開催の危ぶまれた大会で初出場初優勝，夏にも出場している．

古豪高松高校は，99年秋にエース松家卓弘投手の活躍で四国大会の準決勝まで進んで選抜の補欠校となり，21世紀枠創設のきっかけをつくったともいわれ，2005年選抜には21世紀枠に選ばれて71年振りに甲子園に出場した．16年選抜では高松商業が香川県勢として春夏通じて21年振りに決勝に進出し，準優勝した．

英明高 (高松市, 私立)
春2回・夏2回出場
通算1勝4敗

　1917年明善高等女学校として創立. 48年の学制改革で明善高校となる. 2001年共学化して英明高校と改称した.

　05年に同好会として創部し, 翌06年から県大会に出場. 10年夏に甲子園初出場. 翌11年夏には糸満高校を降して初戦を突破した. 15年春, 18年春にも出場している.

観音寺総合高 (観音寺市, 県立)
春1回・夏1回出場
通算6勝1敗, 優勝1回

　1923年町立観音寺商業学校として創立. 48年の学制改革で観音寺第二高校となり, 55年観音寺商業家庭高校, 57年観音寺商業高校となる. 94年普通科が新設されて観音寺中央高校と改称した. 2017年三豊工業と統合し, 観音寺総合高校となる.

　1931年創部. 観音寺中央高時代の95年選抜に初出場すると, 2回戦で強豪東海大相模高を4安打完封で降すなど, 初出場初優勝を達成した. 同年夏にも出場している.

坂出商 (坂出市, 県立)
春7回・夏8回出場
通算15勝15敗, 準優勝1回

　1914年綾歌郡立綾歌商業学校として創立. 22年県立に移管して坂出商業学校となる. 48年の学制改革で坂出高校となり, 翌49年商業科が坂出工業高校と合併して坂出商業高校が復活. 53年商業科と工業科の分離で新生坂出商業高校となる.

　21年に創部し, 31年選抜に初出場. 戦前に春夏合わせて4回出場した. 55年夏に戦後初出場を果たすと, 決勝に進んで準優勝している. 以後も出場を重ね, 71年春にはベスト4. 近年では2014年夏に出場した.

寒川高 (さぬき市, 私立)
春0回・夏2回出場
通算0勝2敗

　1974年藤井学園寒川高校として創立し, 同時に創部. 2009年夏に甲子園初出場. 15年夏にも出場している. 校名は藤井学園寒川高校と書かれることもある.

三本松高 （東かがわ市, 県立）
春1回・夏3回出場
通算2勝4敗

　1900年高松中学校大川分校として創立し, 02年県立大川中学校として独立した. 48年の学制改革で県立大川高校となり, 翌49年三本松高校と改称.

　09年頃創部というが, 02年ともいう. 84年夏に甲子園初出場. 2017年夏には初勝利をあげ, ベスト8まで進んだ.

四国学院大香川西高 （三豊市, 私立）
春1回・夏4回出場
通算1勝5敗

　1946年創立の上戸洋裁研究所が前身. 51年三豊家政専門学校として創立し, 60年女子校の上戸学園高校として開校. 72年に共学となり, 87年香川西高校と改称. 2016年四国学院大学香川西高校と改称.

　1986年創部. 2003年夏に甲子園初出場, 06年夏に日本文理高校を降して初勝利をあげた.

志度高 （さぬき市, 県立）
春2回・夏3回出場
通算5勝5敗

　1924年県立志度商業学校として創立, 44年農業科を併設して志度拓殖学校と改称. 46年志度商業に復帰. 48年の学制改革で志度商業高校となり, 50年に水産科を設置して志度高校となったが, 53年志度商業高校に戻る. 92年普通科の設置で, 再び志度高校と改称.

　25年に創部し, 41年選抜に初出場. 47年夏と81年夏にはベスト8まで進んだ. 85年夏を最後に出場していない.

尽誠学園高 （善通寺市, 私立）
春7回・夏11回出場
通算17勝17敗

　1884年忠誠塾として創立. 87年京都に転じたが, 99年に善通寺市に移り, 1910年尽誠中学校となる. 48年の学制改革で尽誠学園高校と改称.

　46年に軟式で創部し, 翌47年に硬式に転換. 83年春に甲子園初出場. 以後甲子園の常連校となり, 89年夏と92年夏にはベスト4まで進んでいる. 野球留学生が多いことで知られる.

高松高 （高松市, 県立）
春4回・夏4回出場
通算6勝8敗

　1893年香川県尋常中学校として創立し, 98年に県立高松尋常中学校, 99年県立高松中学校と改称. 1948年の学制改革で県立高松高校となり, 49年

県立高松女子高校を統合した.

1896年に正式に創部. 1908年に鈴木義伸らを中心として別組織の竜戦団が結成され, 12年に野球部に合流. 15年の第1回大会四国代表として出場した. 戦前に春夏合わせて全国大会に7回出場, 26年夏と28年夏にはベスト4に進んでいる. 99年秋, 四国大会の準決勝まで進んだが翌年の選抜には選ばれず, これが21世紀枠創設のきっかけになったともいわれる. 2005年選抜では21世紀枠に選ばれ, 71年振りに甲子園に復活した.

高松商 （高松市, 県立）　春27回・夏20回出場
通算59勝43敗, 優勝4回, 準優勝3回

1901年坂出市に香川県立商業学校として創立. 12年高松市立商業学校と合併して県立香川商業学校となり, 22年に高松商業学校と改称. 48年の学制改革で県立高松商業高校となった.

09年創部. 16年夏の第2回大会に出場, 24年の第1回選抜大会では優勝している. 以後, 全国屈指の強豪として活躍. 25年には春準優勝, 夏優勝, 27年夏にも優勝した. 戦後も出場を重ね, 60年春に優勝, 61年春に準優勝. 2016年選抜では45年振りに決勝に進出した.

高松第一高 （高松市, 市立）　春1回・夏3回出場
通算8勝4敗

1928年市立高松第一中学校として創立. 48年の学制改革で高松第一高校となり, 49年高松第二高校, 屋島高校を統合した.

30年創部. 49年選抜に初出場でベスト8に進出すると, 夏にはベスト4. 51年夏もベスト4に進んだ. 72年夏にも出場してベスト8まで進んでいる.

丸亀高 （丸亀市, 県立）　春1回・夏4回出場
通算2勝5敗

1893年香川県尋常中学校丸亀分校として創立し, 98年独立して丸亀尋常中学校となる. 1901年県立丸亀中学校と改称. 48年の学制改革で県立丸亀高校となり, 翌49年丸亀女子高校を統合して丸亀第一高校と改称. 53年に丸亀高校となった.

1897年創部という高松高校と並ぶ名門. 1948年夏甲子園に初出場した後, 90年夏に42年振りに甲子園に出場, 3回戦では平安高校を延長14回の末に降してベスト8まで進んでいる. 2000年には春夏連続出場. 近年では13年夏に出場した.

丸亀城西高 (丸亀市，県立)

春9回・夏5回出場
通算7勝14敗

1918年丸亀市立丸亀商業学校として創立し，44年県立に移管．戦後，46年に丸亀商工学校となり，48年の学制改革で県立丸亀商工高校となる．翌49年丸亀第二高校，53年丸亀商業高校と改称．93年普通科の設置で，丸亀城西高校と改称．

28年に創部し，37年選抜に初出場．2度目の出場となった63年選抜で初勝利をあげた．77年選抜でベスト8,80年選抜ではベスト4まで進んでいる．近年では2018年夏に出場している．

⑪香川県大会結果（平成以降）

	優勝校	スコア	準優勝校	ベスト4		甲子園成績
1989年	尽誠学園高	3－0	坂出商	高松商	志度商	ベスト4
1990年	丸亀高	4－1	高松西高	丸亀商	志度商	ベスト8
1991年	坂出商	4－2	寒川高	三本松高	善通寺一高	初戦敗退
1992年	尽誠学園高	9－0	丸亀商	坂出商	丸亀高	ベスト4
1993年	三本松高	2－1	丸亀高	尽誠学園高	坂出商	初戦敗退
1994年	坂出商	4－1	尽誠学園高	香川中央高	観音寺中央高	初戦敗退
1995年	観音寺中央高	4－2	高松商	志度高	尽誠学園高	2回戦
1996年	高松商	5－3	尽誠学園高	丸亀高	香川中央高	3回戦
1997年	丸亀城西高	11－8	高松西高	尽誠学園高	丸亀高	初戦敗退
1998年	尽誠学園高	8－5	三本松高	寒川高	丸亀高	2回戦
1999年	尽誠学園高	5－1	丸亀高	高松商	志度高	3回戦
2000年	丸亀高	7－6	高松北高	志度高	丸亀城西高	初戦敗退
2001年	尽誠学園高	8－5	三本松高	寒川高	観音寺中央高	初戦敗退
2002年	尽誠学園高	6－3	観音寺中央高	観音寺一高	三本松高	ベスト8
2003年	香川西高	6－5	高松南高	観音寺中央高	高松商	初戦敗退
2004年	尽誠学園高	16－4	高松一高	丸亀城西高	多度津工	初戦敗退
2005年	丸亀城西高	5－3	寒川高	観音寺一高	小豆島高	初戦敗退
2006年	香川西高	5－2	寒川高	高松桜井高	丸亀城西高	3回戦
2007年	尽誠学園高	2－1	高松商	坂出高	寒川高	初戦敗退
2008年	香川西高	3－1	高松商	観音寺一高	高松高専	初戦敗退
2009年	寒川高	8－4	高松商	尽誠学園高	高松工芸	初戦敗退
2010年	英明高	17－0	観音寺中央高	高松商	丸亀城西高	初戦敗退
2011年	英明高	8－0	丸亀高	坂出商	観音寺一高	2回戦
2012年	香川西高	3－2	丸亀高	観音寺一高	尽誠学園高	初戦敗退
2013年	丸亀高	8－1	尽誠学園高	高松北高	英明高	初戦敗退
2014年	坂出商	5－3	大手前高松高	高松桜井高	尽誠学園高	初戦敗退
2015年	寒川高	20－4	丸亀城西高	英明高	高松商	初戦敗退
2016年	尽誠学園高	5－1	高松商	観音寺中央高	大手前高松高	初戦敗退
2017年	三本松高	7－1	丸亀城西高	大手前高松高	丸亀高	ベスト8
2018年	丸亀城西高	9－4	高松商	英明高	観音寺一高	初戦敗退
2019年	高松商	2－1	英明高	高松工芸	尽誠学園高	初戦敗退
2020年	尽誠学園高	5－0	高松商	丸亀城西高	大手前高松高	（中止）

やきもの

御厩焼（焙烙皿）

地域の歴史的な背景

　香川県は、四国の北東部に位置する。かつては讃岐国といわれた。瀬戸内海に張り出すかたちとなっているが、島嶼を含めても日本で一番面積の小さい県である。

　気候に恵まれた香川県は、合理的な多毛作で農業が発達した。一方で、農業人口が過剰ともなり、特産品の団扇・漆器・手袋・模造真珠など種々の家内工業も発達させてきた。これらの中には、農業の副業から専業に移った者も多い。その結果、香川漆器や丸亀団扇は全国に誇る特産品となっている。

　小豆島は、全島が花崗岩でできていて、昔から良質な石材の産地として名高い。石材が県の東部と島嶼部に多いのに対し、粘土は、西部の三豊平野や檀紙町辺りに多く、陶器の産地ともなっている。例えば、農家の副業として発達した岡本焼は、三豊市の岡本地区で採れる良質な粘土が使われている。焙烙が主製品で、かつては「ほうろく売り」と呼ばれた行商人が県外まで売り歩いていた、という。

主なやきもの

理平（理兵衛）焼

　高松市栗林町の名庭園（現在の栗林公園）で焼かれた高松藩の御庭焼。高松焼ともいう。

　慶安2（1649）年に、初代藩主松平頼重が京焼の名工森島作兵衛重利を招いて開窯した、と伝わる。作兵衛は名を紀太理兵衛と改め、屋敷と窯を拝領。そこから理平焼の初代となり、その作を「古理兵衛」と呼ぶ。

当初の作品は、初期の京焼と同様に銹絵や染付による唐物写しが多かった。寛文年間（1661〜73年）頃から藍・赤・緑・金による色絵陶器を焼くようになった。茶陶の製作が中心である。

　元文年間（1736〜41年）には、5代理兵衛が一時大川村の富田焼に参画した。9代理兵衛のときに明治維新を迎え、藩の保護を失った。そして、明治3（1870）年に移転し、紀太理平と改名して民窯（理平焼）となり、煉瓦製造業も兼務するようになった。が、明治30（1897）年には、再び栗林公園の北門に移り、陶器の復興に努めた。現在は13代に及び、伝統の上絵付の他に、種々の技法による大角皿などもつくられている。色彩豊かな絵付がなされた茶器や花器は、今も珍重されている。

　なお、平成25（2013）年に香川県伝統的工芸品に指定された。

源内焼

　大川郡志度町で焼かれた陶器で、志度焼ともいう。

　源内焼と称される以前から、そこでは、赤松弥右衛門とその子清兵衛が、九州筑前の陶工権平を雇って製陶業を営んでおり、その後、清兵衛の子赤松松山らによって受け継がれた。そして、宝暦5（1755）年、平賀源内（享保14〜安永8〈1729〜79〉年）の指導を受けて始めたのが源内焼である。陶土には、良土といわれる近くの富田村の土を用いた。

　源内焼は、交趾焼風の色絵陶器で、色彩の豊富さと卓抜な意匠を特徴とする鉢や皿、置物などがある。中でも、日本地図や西洋風の斬新な意匠のものが注目されるが、それは、源内が長崎遊学によって習得した知識によるところが大きい、といわれる。ただ、当時最も普及していた「坤輿万国全図」に基づいていることなどから、必ずしも源内の指導によるとばかりはいえないようである。源内自身が作陶に携わったことはほとんどなく、松山が中心となって焼成していたと思われる。松山は、その後富田焼に携わることになり、志度の有力者の息子である堺屋源吾が陶工の中心的存在となった。

　源内焼の閉窯期は、不詳である。

富田焼　大川郡大川町富田西（現・さぬき市）で焼かれた陶磁器。元文年間（1736 〜41年）頃の開窯と伝わるが、定かでない。発掘調査によって、吉金窯・平尾窯・斉藤窯などの窯跡が確認されている。吉金窯では、全長40メートル、高低差9メートル、焼成室8室の登り窯が発見され、理平焼風の染付陶器と伊万里焼風の磁器が出土している。

　吉金窯は、源内焼の陶工赤松松山が、天明元（1781）年に火災で志度村の家屋敷が焼失したため、富田村の藩公の窯跡を借り受けて亀田屋恒蔵と共同で開いた、といわれる。松山は、その後一度志度に戻ったが、寛政3（1791）年に再び富田で独立。九州から陶工を雇い入れて二人の弟と共に吉金窯を続けた。製品は、交趾写しや古染付写しのものが多い。この時期の「富田」銘を入れた製品を松山富田焼ともいう。

　寛政年間（1789〜1801年）から天保年間（1830〜44年）の頃、富田西村の焼物師である冨永助三郎が松山の後を受けて吉金窯で多くの陶工を指導。7代紀太理兵衛の子文太郎の後見となり、御庭焼としての理平焼の発展に尽力した。一方で、助三郎の子の庸八は、富田焼とは別に源内焼に似た軟陶の茶器や工芸品を中心に製作した。吉金窯は、助三郎の死後、ほどなくして廃窯したともいわれるが、定かでない。

　斉藤窯は、文化年間（1804〜18）年に、斉藤要助によって富田村南川横井に開窯された。磁器を含めて吉金窯と同種の製品をつくり、藩内の他に大坂や江戸までと広く出荷したが、操業の期間は短かったようである。平尾窯については、詳しいことがわかっていないが、やはり短命の窯だったと推測されている。

旺祥寺焼

　観音寺市八幡町にあった旺祥寺で焼かれた陶器。開窯・閉窯の時期は共に定かでない。主として朝鮮系の技法を繁栄した寺院用の祭器を焼いた。戦後、槙啓州によって再興され、楽焼系の陶器をつくっている。

Topics ● 素焼きの風呂釜と焙烙

　今ではすっかり忘れられた存在となったが、かつて風呂釜は素焼土器でまかなわれていた。鉄器普及以前では、当然といえば当然のことである。

　例えば、江戸後期の紀行文『筑紫紀行』（筆者は菱屋平七という名古屋の商人）にその使用例が書かれている。それは、九州に行く途中で香川の善通寺に立ち寄った時のことである。「宿の主、風呂のよろしく候めされ候へといふに行きてみれば、此辺のならひとして風呂桶の代りに素焼の甕をぞ用いける」。そして、底より少し上にツメを取り付け、そこにげす板を敷き、それに人間がのるようになっていた、という。つまり、五右衛門風呂の原型がここにあるのである。

　この形式が、そっくりそのまま次の鉄（鋳物）の風呂釜に移行する。その過渡期（明治から大正時代にかけて）には、底の部分だけ鋳物で、胴の部分は素焼土器という継ぎあわせの風呂釜が登場した。四国では、近年までそうした風呂釜の実用例を残していた。素焼の風呂釜は、佐野（山口県）での生産量が多かったが、香川でも善通寺に近い岡本という所で焼かれていた、という。

　なお、高松市南西部の御厩町では、御厩焼という素朴な生活雑器が焼かれてきた。享保年間（1716〜36年）に彦四郎によって開窯、と伝わる。地元で採れる粘土を用いた素朴なやきもので、その代表が焙烙である。焙烙は、ものを炒めるための皿状の素焼土器であるが、近年は、旅館や日本料理店で魚を焼く道具としても注目され始めた、という。焙烙の需要が高かった昭和20年代が御厩焼の最盛期で、200軒以上もの窯元がひしめいていたというが、現在は、3〜4軒を残すばかりとなった。

IV

風景の文化編

地名由来

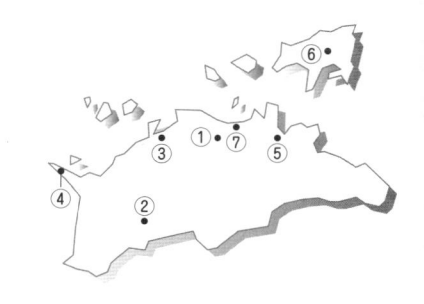

「香川県」の存亡

　明治に入ってからの四国4県の歴史をひもとくと、愛媛県と高知県は安泰であったものの、香川県と徳島県はいくつもの変遷を経て今日に至っている。現在の地域区分が確立したのは明治13年（1880）3月のことで、そこに至るまで、四国と言いながら実は2国しかない時期もあった。香川県にフォーカスを当てて整理してみよう。

▶明治4年（1871）7月：廃藩置県
　廃藩置県とは藩名を県名に置き換えただけだったので、香川県では「高松県」と「丸亀県」で構成された。この時点では小豆島は入っていない。

▶明治4年（1871）11月：第1次香川県の成立
　「高松県」と「丸亀県」が統合されて「香川県」となった。両県の一方の名を取ることはできないと判断し、県庁が置かれた「香川郡」の「香川」を採用した。

▶明治6年（1873）2月：四国3県時代（香川県の消失）
　ところが、1年余り後に、香川県は徳島県とともに「名東県」という県に統合されてしまう。この名東県には淡路島と小豆島が入っている。

▶明治8年（1875）9月：四国4県時代（第2次香川県）
　香川県からの猛烈な反対で、香川県が復活する。この時点で小豆島が香川県に編入される。

▶明治9年（1876）8月：四国2県時代（再び香川県消失）
　ところが、わずか1年後には、香川県は愛媛県に編入されて再び消失。徳島県は高知県に編入されてしまい、この時点で、四国は「愛媛県」と「高知県」の2県時代を迎えた。また淡路島は四国から外れて兵庫県に編入された。

▶明治13年（1880）3月：現行の行政区分の成立（第3次香川県）

香川県と徳島県からの強烈な反対運動が実って、ようやくもとの四国に戻った。

　以上のように、香川県は紆余曲折を経て今日に至っているわけだが、『古事記』にも「飯依比古」と記されている讃岐国をそう簡単に無くして良いはずもない。確かに讃岐国は小国ではあるが、琴平様や空海を生んだ地でもあり、信仰の世界で重要な位置を占めてきたことを忘れることはできない。

とっておきの地名

①鬼無（きなし）　　かつて香川郡に「上笠居」（かみかさい）という村があったが、昭和31年（1956）に高松市に編入された際、その全域が「鬼無町」（きなしちょう）と命名され、今も「鬼無町鬼無」「鬼無町佐藤」「鬼無町佐料」「鬼無町是竹」（これたけ）「鬼無町藤井」「鬼無町山口」の６町から成る。

　ここには、桃太郎が鬼を退治したので鬼がいなくなり、「鬼無」という地名が生まれたという伝承がある。あるいは昔、何らかの悪鬼が出て人々を悩ましていたので、退治して鬼が出なくなったということがあったのかもしれない。当地には桃太郎神社と呼ばれる熊野神社が鎮座し、そこには桃太郎の墓や、お爺さんとお婆さん、そして犬と雉の墓が並んでいる。

　しかし、これは大正時代に小学校訓導の橋本仙太郎が創作し、昭和に入ってからお伽話作家として知られる巌谷小波に話し、その結果昭和7年（1932）の『国語読本』に掲載された物語をもとに構成したものという。

②財田（さいた）　　明治23年（1890）三野郡の「財田上村」（さいたかみ）と「財田中村」が合併して「財田村」が発足し、昭和45年（1970）に「財田町」（さいたちょう）となったが、平成18年（2006）には近隣の町と合併して「三豊市」となり、自治体としては消滅。

　讃岐山脈の麓にあり、その昔、旱魃の時に珍しい稲が生育したことにちなむという。また、万福寺に残る伝承によれば、弘仁8年（817）の大旱魃の際、この地のみ稲がよく実り、それを朝廷に献上したところ、たいそう喜ばれ、「財田」という名を与えられたという（『角川日本地名大辞典香川県』）。

水不足に悩んだ讃岐国だからこそ生まれた貴重な地名であると言える。

③坂出（さかいで）　香川県北部の中央に位置する町で、瀬戸大橋の四国側玄関口に当たる。かつては沿岸部に塩田が広がっていたが、塩田の廃止とともに工業地帯が広がっている。明治23年（1890）に「坂出町」（さかいでちょう）が発足し、昭和17年（1942）には「坂出市」となって今日に至っている。

この地名には、対岸の岡山県からの移住の歴史が潜んでいる。

慶長5年（1600）、赤穂は池田輝政の五男松平氏の所領となったが、その施策は評判が悪く、他国に移住する者が少なくなかったという。多くの家臣たちが対岸の讃岐国に移住し始め、そこで塩田作りを始めたという。遠浅の海だったので、あるいは境界がはっきりしないという条件もあったのかもしれない。

これを見た宇多津の人々が、「坂（田尾坂）を出ると、いつの間にか家々が建ち、洲が埋められて村ができている」と驚き伝えたことから、「坂出」と呼ばれるようになった。

それを見てどうしたかは不明だが、そんなことがあったのかもしれない。

④紫雲出山（しうでやま）　旧・詫間町（現・三豊市）（たくまちょう・みとよし）の三崎半島にある標高352メートルの山。桃太郎伝説に彩られ、史実がどうのこうのと言わなければ文句なく面白いエリアである。「生里」（なまり）という集落が桃太郎の生誕地だそうで、旧・詫間町のホームページによると、与作とおしもの間に生まれた太郎が後の浦島太郎だという。太郎は18歳の頃明神の里（今の箱浦）に住み、太郎が箱浦から毎日糸を持って室浜へ通ったところを「糸ノ越」と言ったそうだ。

箱浦は玉手箱を開けたところで、ここから紫の煙が立ちのぼったことから「紫雲出山」という名前がついたのだという。半島を戻るように車を走らせると、「積」（つみ）という集落があった。ここは龍宮城で遊んだ浦島太郎が乙姫様に贈られた宝物を積んだところだという。

他愛もない物語だと笑うこともできるが、このような話を作り上げた古人の知恵にも注目してみたい。

⑤志度 （しど）

　明治23年（1890）、寒川郡「志度村」と「末村」が合併して「志度村」が発足し、明治31年（1898）に「志度町」（しどちょう）となった。平成14年（2002）には志度町を含む5町が合併して「さぬき市」となり、自治体としては消滅。

　地名の由来としては、その昔この地を訪れた速秋津比売命が、波静かで「我御心須美戸止」と言ったことから、「須美戸」（すみと）と呼ぶようになり、後に「須美」が「志」に転訛したものだという（『角川日本地名大辞典 香川県』）。また、当地にある志度寺の縁起などによると、「死を渡る」→「死渡」→「志度」に転訛したのではないかという説もある。

⑥小豆島 （しょうどしま）

　『古事記』には大八嶋生成の後に、「吉備の児嶋」を生み、「次に、小豆嶋（あづきしま）を生みたまひき。亦の名は大野手比売（おほのでひめ）といふ」とある。ここにある「小豆嶋」が今の小豆島である。小豆島は瀬戸内海2番目の広さを持つ島とはいえ、日本列島全体の中では小さな島でしかない。それが国生みの神話に登場するところをみると、古来相当に重要視されていたと考えられる。

　注目すべきは、『古事記』では「小豆」は「あづき」と読まれていることだ。今でも「小豆」は「あずき」と読むが、昔は「しょうず」とも読んだ。鎌倉期には「せうつしま」と読まれ、「しょうどしま」と読まれるようになったのは室町期以降のこととされる。

　意味としては、やはり小豆の生産にちなむと考えるべきだろうか。

⑦高松 （たかまつ）

　『和名抄』の「山田郡」（やまたのこおり）に「高松郷」が見え、平安時代にはすでに「高松」という地名が存在したことがわかる。地名としては、八島の南の海岸から高松城址にかけて大きな松の林が連なっていたことによるというのが通説になっている。

　ただし、松は縁起のよい木であることから、単純に松をつけたと考えることも可能なので断定はできない。また昔、「多加津」（たかつ）と呼ばれたとも言い、その説からすると「港」にちなむと考えることもできる。

難読地名の由来

a.「栗林」（高松市）b.「仏生山」（高松市）c.「凹原」（高松市）d.「天皇」

（仲多度郡まんのう町）**e.**「**海老済**」（観音寺市）**f.**「**郡家**」（丸亀市）**g.**「**垂水**」（丸亀市）**h.**「**柞**」（東かがわ市）**i.**「**水主**」（東かがわ市）**j.**「**馬酔木**」（綾歌郡綾川町）

【正解】
a.「りつりん」（栗は音読みで「リツ」となり、栗の林という意味である）
b.「ぶっしょうざん」（初代高松藩主松頼重が菩提寺として法然寺を建立したことにちなむ）**c.**「ひっこんばら」（文字通りへっこんだ土地の地形から）**d.**「てんのう」（全国にいくつかあるが、何らかの意味で天皇に関係あるか）**e.**「えびすくい」（海老に関する何らかの伝承によるか）**f.**「ぐんげ」（那珂郡の郡衙があったことによる）**g.**「たるみ」（水が流れ落ちるところにつけられる地名）**h.**「ほうそう」（柞とは、コナラ・クヌギなどの総称で、「ははそ」という）**i.**「みずし」（式内社の水主（みずし）神社による。水の管理に関係するか）**j.**「あせび」（アセビとはツツジ科の常緑の大型低木。馬が食べると麻酔状態になることから「馬酔木」とも書く）

商店街

丸亀町商店街（高松市）

香川県の商店街の概観

　県域面積が日本一狭い香川県は、山地が狭く交通路も発達しており、域内の移動が容易である。県都高松市は県域のほぼ中央に位置し、2014年の「商業統計調査」によれば、小売業年間販売額では県全体の51.8％を占めている。高松市に次ぐのが丸亀市（12.2％）で、それ以外で5％を超えるのは観音寺市のみである。善通寺市や平成の合併で市制を施行した東讃（県東部）のさぬき市、東かがわ市の集積量は小さい。人口1人当たり小売販売額が県平均を超えるのは高松市のみで、高松市への集中が際立っている。高級買回り品について見ると、高松市の商圏はほぼ全県を覆っているだけでなく、徳島県や愛媛県にも及んでいると見られる。中央部では丸亀市、坂出市、善通寺市、琴平町の商圏が分立しており、西部では観音寺の商圏が比較的広い。東讃は高松市の商圏が優勢で、さぬき市志度、東かがわ市三本松が副次的商圏を形成している。

　高松市の中心商店街は8つのアーケード商店街が連接しており、アーケードの総延長日本一を誇っている。最も中心になる「丸亀町商店街」は高松城下町建設以来の歴史があり、1988年の「町開き400年」を契機に取り組んだリニューアル事業によって大きく生まれ変わり、その再開発手法は全国的に注目された。高松市周辺は鉄道網が整備されており、郊外の駅前には小規模な商店街が形成されているが、郊外型店舗の立地による影響も大きい。城下町に起源を持つ丸亀市には、通町、富屋町を中心に規模の大きな商店街群が形成されていたが、高松市への集中化に加え郊外化の影響によりシャッター通り化したところが多い。坂出市は臨海工業地区の形成による人口増加を背景に、駅前に丸亀市と並ぶ規模の商店街があるほか、商店街の東側には全国的に珍しい人工地盤が建設され、そこにも商店が配置された。近年、商店街の周辺部で衰退化が目立つが、シャッターアート

による活性化への取組みはユニークである。県西部の観音寺市では駅の北側に商店街が形成され、高松市へは所要時間がかかることから独立的な商圏を形成していたが、近年は高松圏に包摂されるようになってきた。また、駅南側にスーパーマーケットや量販店が多数開店したことにより、商店街で多様な事業に取り組んでいる。なかでも、1つの店舗のなかに2つの業種が存在するショップ・イン・ショップは、商店主と若手創業者のマッチングを図るもので、注目されている。

　町では琴平町、多度津町、小豆島の商店街が比較的規模が大きい。特に、琴平町では「こんぴらさん」への石段沿いに土産物店や飲食店が並ぶ「参道商店街」が有名で、観光客で賑わっているが、それ以外に地元住民を対象とした商店街が2つある。2つの商店街は、駅から参道へのルート上にあるかないかの違いがあり、観光への対応の差が興味深い。島嶼部では、小豆島には商店街が存在するが、ほかの島々では買い物は本土の商業地に依存しており、直島の場合、距離的に近い岡山県側に出かけることが多い。小豆島では、土庄、草壁の港周辺に商店街が形成されている。そのなかでは「土庄商店街」の規模が大きいものの、島全体の商業中心地とは言えない。

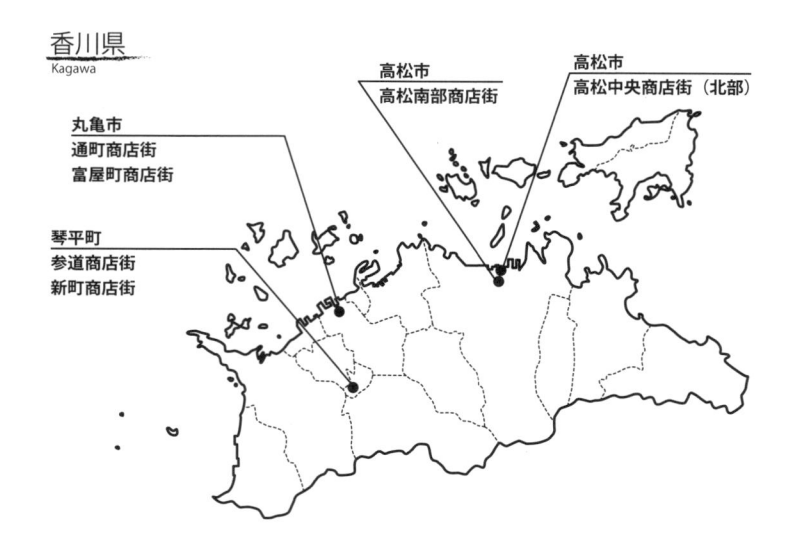

高松中央商店街（北部）（高松市）

―日本一のアーケード商店街―

　JR 高松駅南東にある商店街の総称で、香川県のほぼ全域を商圏とする広域型商店街。周辺は飲食店なども多い繁華街、歓楽街であり、地区全体で約1,000を数える小売店、飲食店が集まっている。分岐する8つの商店街のほぼすべてを覆うアーケードの総延長は2.7 km あり、日本一である。商店街の東を高松琴平電鉄（以下、琴電と記す）が走り、商店街に隣接して片原町駅と瓦町駅がある。国道11号線を境に南北で商店街の歴史や様子が異なり、ここでは商店街としての歴史が古い北部を対象とし、南部については次項で紹介する。

　南北に伸びる丸亀町商店街が最も中心的な商店街で、三越百貨店の南で東西方向の兵庫町商店街と片原町商店街が T 字状に接している。丸亀町商店街の東側をライオン通商店街が並走し、南は国道11号線をはさんで南新町商店街につながる。丸亀町は、江戸時代初期に生駒正親が丸亀から高松に居城を移した際に連れてきた町人を住まわせて商いを始めさせたのが地名の由来と言われている。当時から最も人通りの多い場所で、1931年に三越百貨店が開業して高松の中心商店街としての地位が確立された。商店街北端近くの百十四銀行高松支店は、1966年まで同銀行の本店だった店舗で、当時の外観を残す建物に本商店街の歴史を感じ取ることができる。高松を代表する商店街らしく、婦人服店を中心に靴、時計・宝飾、書籍などを扱う買回り品店が並び、幅広い年齢層の人通りが見られる。

　兵庫町と片原町はともに江戸時代に成立した町で、商店街の通りはそれぞれ丸亀街道、志度街道および長尾街道である。中央通（国道30号線）沿いはオフィスやホテルが立地する業務地区で、ビジネスマンの往来が多く、飲食店や衣料品店があるが、中央道路より西側では空き店舗も目立つ。片原町商店街は琴電片原町駅から三越百貨店へ向かうルートになり、通行量は多い。琴電の西側は繁華街であるのに対し、東側は食料品店などが多い庶民的な近隣商店街になっている。片原町商店街の中央付近から南に伸びるライオン通商店街は歓楽街のなかを突っ切る飲食店の多い通りで、昼夜人通りが多い。「ライオンカン」という映画館があったことからライオン通の名が付けられた。映画館は1999年に閉館され、跡地はマンション

になっている。

　瀬戸大橋の開通による交通体系の変化に加えて、ショッピングセンターが郊外に開業したことにより、中心商店街では来街者が減少し、空き店舗が目立つようになった。丸亀町商店街では、1988年の「町開き400年」を契機に、商店街が繁栄し続ける方法の検討が始まり、定期借地権制度を活用して民間主導で再開発事業が始められた。2006年には北端に商業施設とマンションが入る「高松丸亀町壱番街」が完成し、商店街入口に新たに設けられた高さ日本一（32.2ｍ）のガラス製の円形ドーム下の広場には海外のブランドショップなどが並んでいる。ほかの街区でも、店舗、住居だけでなく医療施設などが入る再開発ビルが建設されている。

高松南部商店街 （高松市）
―新世代が取り組む「親子で楽しめる商店街づくり」―

　高松中央商店街のうち国道11号線以南の3つの商店街（常磐町商店街、田町商店街、南新町商店街）は、下町らしさが残っている。2012年に3つの商店街の若い世代が中心になって「高松南部商店街新世代協議会（NASAP）を結成し、人の交流を重視した活性化に取り組んでいる。

　丸亀町の延長に位置する南新町商店街は、高級衣料品店やジュエリー店のほかに若者向けの雑貨店やライブハウスもある。一時、アニメ関係の店舗やメイド喫茶なども進出していたが、現在はない。南新町商店街の南端から南に田町商店街、東に常磐町商店街が伸びる。田町商店街は高松中央商店街の最も南に位置し、食料品店など庶民的な店舗が主体であるが、空き店舗も多い。商店街中央付近にある核店舗マルナカは、ここが発祥の地である。常磐町商店街は、戦後の闇市から高度経済成長期に発展した商店街で、商店街の東にある琴電瓦町駅は3路線が接続する乗換駅で、乗降客は多い。ほかの商店街へのルートになっており、カジュアルな衣料品店や雑貨店を訪れる若年層の往来が目立つ。1996年完成の駅ビル「コトデン瓦町ビル」にはそごう百貨店が入っていたが、天満屋を経て2014年に閉店した。そのほかに、商店街にあった大手スーパーマーケット（ジャスコ、ダイエー）や洋画系映画館なども2000年代前半までにいずれも閉鎖され、衰退傾向が際立っていた。一方で、新たにハローワークの付属機関である「しごとプラザ高松」や「ブリザーズスクエア」が開設された。

　商店街ではオープンスペースをコミュニティスペースとして整備し、空き店舗を利用して、高松市と合併した周辺5町の産品を販売するなどの活

動を進めてきた。親子連れを商店街に取り戻すことを目的に、2013年からNASAPが「商店街親子DAY」をスタートさせ、職業体験などでポイントを貯め、好きなおもちゃと交換できるイベント「かえっこ商店街2013」は大盛況であった。これらの活動を一過性のものに終わらせずに、いかにして商店街の再生につなげるかが課題である。

通町商店街、富屋町商店街（丸亀市）
―空洞化著しい中心商店街―

　丸亀市の中心商店街はJR丸亀駅の南側に広がっている。丸亀城の外堀を埋め立てて広い通りが建設され、国道11号線（現・京極通）になると、駅との間に中心商店街が形成されていった。1922年には丸亀‐多度津間に琴平参宮電鉄が開通して、丸亀通町駅が国道11号線の南（現在ドン・キホーテのある場所）に開設されると、中心商店街は2つの駅を結ぶ形になった。中心になるのが通町商店街と富屋町商店街で、東西方向の本町商店街や道幅が広く車も往来するアーケードのある浜町商店街などが2つの商店街をつないでおり、面的に広がっていた。アーケードのある商店街は多くの買い物客で賑わっていたが、2000年頃からは郊外化の影響で空き店舗が目立つようになり、アーケードの多くが撤去された。

　南北に伸びる商店街のうち西側が富屋町商店街で、かつては衣料品店を主体にした商店街であったが、現在は空き店舗が目立っている。2014年にアーケードが撤去され、開放感は出てきたものの、活性化の点では依然として苦しい状況にある。東にある通町商店街は富屋町商店街よりも通りは広く、商店街南出口の向かいに丸亀市役所と丸亀通町駅（1963年廃止後はバスターミナル）があったことから、乗換え客の往来が多く、商店以外にパチンコ店やホテルなどもあった。1979年、バスターミナル跡にダイエーが進出したが1998年に撤退し、通町商店街の通行量は減少し、空き店舗が目立つようになった。2013年にダイエーの跡地にドン・キホーテが進出し、中心商店街の低迷に歯止めがかかったように思われる。商店街ではリニューアルに乗り出そうとしているが、古い街並みを活かして丸亀城などを訪れる観光客をどう取り込むかが課題であろう。

参道商店街、新町商店街（琴平町）
―こんぴらさんの近隣商店街―

　「こんぴらさん」と親しまれる金刀比羅宮と言えば、長い石段の両側に

土産物店や飲食店などが並ぶ参道商店街が知られており、石段途中の南には金丸座（金毘羅大歌舞伎）がある。参道商店街の石段を降り切って左へ折れると、駅との間に神明町にも商店街が伸びている。直進し一ノ橋を渡ったところから始まるのが新町商店街である。

　広範囲から参詣客を集めていた金刀比羅宮へは東からの高松街道、北からの丸亀街道と多度津街道などの参詣道があり、燈籠などが整備されていた。新町商店街は前者の、神明町の商店街は後者の街道に位置している。1889年の讃岐鉄道（丸亀-多度津-琴平間、現在はJR）、1927年の琴平電鉄（高松-琴平間）など最盛期には4つの鉄道が開通し鉄道による参詣が主流になると、参詣者の流れも駅を中心としたものになり、駅と参道の間に旅館や土産物店が並ぶようになっていった。神明町の商店街は地元住民を対象とする商店街として発展してきたが、郊外店の開店などによる影響を受けたこともあって、近年は土産物を置くなど観光要素を取り入れようとしている店舗も見られるようになり、参道商店街の一部と見なされるようになった。

　一方、金倉川の東には榎井集落などがあり、近隣住民を対象として商店が集まり、新町商店街が形成された。新町商店街は食料品や普段着などを扱う店舗が主体で、かつては商店街の南にはのこぎりの目立て屋や農機具店などもあり、農山村の中心的な性格もあった。近年は、郊外型店舗の立地増加などによる影響で閉鎖する店舗が目立つようになっている。2001年には空き店舗を利用して商店街交流施設「ふるさとこんぴらあいてぃ館」を開設したものの十分機能しないままとなっている。金倉川南側には御旅所（神事場）などの観光資源があり、新たな観光ルートの整備とあわせて商店街の活性化を目指すことが望まれる。

琴平参道商店街（約200m先に新町商店街がある）

花風景

小豆島のオリーブ（県花）

地域の特色

　瀬戸内海に突き出した讃岐半島と小豆島や塩飽諸島の島々からなる。県土は狭いが、平野が多く、高松は四国の玄関口となっている。南には山岳が東西に走り、小河川が瀬戸内海へと流れ、讃岐平野をつくっている。典型的な瀬戸内海の気候で降雨量が少なく、古代に貯水池満濃池がつくられ、ため池も多く、戦後、香川用水が建設された。四国八十八カ所は讃岐出身の空海にちなみ、近世には主に高松藩と丸亀藩に統治され、高松城主の譜代の松平氏は文化を振興した。瀬戸内海の暖温帯の気候である。

　花風景は、近世の巨大な銭形砂絵の地や多島海展望地のサクラ名所、空海ゆかりのため池付近のヒマワリ園、瀬戸内海らしい花き園芸の花やなりわいの花、自然海岸の海浜植物などが特徴的である。

　県花はNHKなどによって選ばれたモクセイ科オリーブ属の常緑樹のオリーブであり、後に公募によって県木にも選定される。小さな白い花をつけ、果実はオリーブオイルなどさまざまに加工される。後述の花風景でも紹介する通り、19世紀の近世末期に渡来するが、20世紀初頭に香川県小豆島で栽培に成功する。健康志向などにより栽培地が急増している。

主な花風景

琴弾公園のサクラ　＊春、瀬戸内海国立公園、名勝、日本さくら名所100選

　琴弾公園は香川県西部の観音寺市にある。瀬戸内海に面した有明浜と高さ60メートルほどの琴弾山一帯に開設された48ヘクタールの公園で、春になると約450本のソメイヨシノなどが咲き誇る。また、琴柱池周辺には、春から夏にかけてサクラの他、ツツジ、フジの花が季節を彩る。

　琴弾公園は1897（明治30）年に県立公園として開設された。92（同25）年に三豊郡長であった豊田元良が郡長を休職する際、いつか琴弾山と有明

浜の公園化を実現してもらいたいとして県の土木技師に測量・設計を依頼した。また、その図面を観音寺町長に渡すように言い残したことがそもそもの始まりと伝えられている。これを受けて県議会や町議会での動きが活発化した。観音寺町では公園用地として町有地（約13.9ヘクタール）の他、琴弾山麓の民有地（約1.3ヘクタール）を購入して県に寄付することに加え、琴弾山官有地（約1.6ヘクタール）と合わせて県立公園化する案を取りまとめ、県と内務省の承諾を得た。公園の設計は、「明治庭園記」などを著し、また、堺市大浜公園や1910（明治43）年にロンドンで開催された日英博覧会の庭園などの設計で知られる小沢圭次郎に依頼した。

　園内にある琴弾山の頂上からは、巨大な銭形砂絵「寛永通宝」や約2キロ続く白砂青松の有明浜、そして遠方には讃岐うどんのダシとして欠かせない「いりこ」の加工場が連なる伊吹島を眺めることができる。銭形砂絵は、一説によると1633（寛永10）年に丸亀領主であった生駒高俊公を歓迎するため、わずか一夜にしてつくられたといわれている。東西122メートル、南北90メートル、周囲345メートルの楕円形が、琴弾山山頂付近から見るときれいな円形に見える。

　琴弾公園は1934（昭和11）年に名勝に指定され、54（同29）年には頂上に至る道路と山上展望台が整備された。また、琴弾山一帯は56（同31）年、瀬戸内海国立公園に編入されている。

紫雲出山のサクラ　＊春、瀬戸内海国立公園

　紫雲出山（352メートル）は香川県の西部、瀬戸内海に突き出た荘内半島の中央にそびえる。春になると瀬戸内海に浮かぶ島々を背景に約1,000本のサクラで山がピンク色に染まる。その光景は成田国際空港株式会社の2015年版カレンダーに「世界の絶景12景」の一つとして取り上げられた。

　三豊市詫間町生里は浦島太郎の生まれた所と伝えられるなど、荘内半島には浦島伝説が残る。浦島太郎が玉手箱を開けた時に出てきた白煙が紫色の雲になって山にたなびいたのが紫雲出山の由来とされる。

　紫雲出山一帯は1950（昭和25）年に瀬戸内海国立公園となった。サクラの植樹は頂上に至る道路建設を契機として観光振興などを目的に行われたという。74（同49）年には第1回桜まつりが開催されるなど、1970年代にはすでにサクラの名所になっていた。この景観を維持しようと2000（平成

12）年から5カ年計画で山頂に詫間中学校、詫間町緑の少年団、旧詫間町職員、地域ボランティアなど多くの人たちの協力により、ソメイヨシノなど500本が植樹されている。

　紫雲出山は弥生時代の遺跡があることでも知られている。山頂一帯に遺跡があり、紫雲出山遺跡館が整備されている。2000年前の高地性集落（防衛などのために山頂や丘陵地にできた弥生時代の集落）の竪穴住居なども復元され、当時の人々の生活を垣間見ることができる。この遺跡は昭和20年代に郷土史家・前田雄三が発見し、当時、京都大学の講師であった小林行雄らによって1955（昭和30）年から発掘が進められた。

フラワーパーク浦島のマーガレット　＊春

　フラワーパーク浦島は前述の紫雲出山と同じ荘内半島にある。その紫雲出山（352メートル）の東麓に位置する休耕田を活用したお花畑である。花づくりの世話は地元の高齢者の人々が中心となって行っている。

　サクラが散り始める頃になるとマーガレットが咲き始める。日本初の海員養成学校のあった粟島を背景に白いマーガレットの花が一面に咲く風景はとても美しい。晴天の日は、花の白さがより輝く。明治時代に日本に導入されたマーガレットが、香川県で栽培され始めたのは1955（昭和30）年頃とされる。今ではマーガレット出荷量が全国1位を誇る。その生産の中心地が荘内半島に位置する三豊市の詫間町と仁尾町である。詫間町も仁尾町も除虫菊の栽培が盛んに行われていた所である。花のつき方に違いがあるとはいえ、同じキク科の白い花である。かつて栽培されていた除虫菊が広がる光景を思い描かせてくれる。冬でも温暖な気候、水はけの良い土壌などが花き栽培に適した環境となっている。栽培されている品種のほとんどが純白の花をつける。マーガレットは花の時期を過ぎても花が落ちず、次々と花を咲かせることから「落ちない花」として受験生にも人気があるという。春にはマーガレットの他にキンセンカやポピー、秋にはコスモスが見られる。

まんのう町のヒマワリ　＊夏

　まんのう町は香川県のやや西より、南は徳島県と接している。まんのう町にはかんがい用ため池として日本一を誇る満濃池がある。その原形をつ

くったのが空海（弘法大師）とされる。香川県内のため池の数は一説では約14,000。ため池が水がめとなって、農業を支えてきた。

　夏、満濃池の西側にある仲南地区、帆山地区を中心とする20ヘクタール以上に100万本以上のヒマワリの花が風に揺れる。

　減反作物の一つとしてヒマワリの栽培が始まったのは1992（平成4）年とされる。ヒマワリ栽培は減反との格闘の結果でもあった。当初は0.23ヘクタールだった栽培面積は2017（平成29）年には約22ヘクタールほどに広がり、25年かけて10倍になっている。少しずつ、そして着実に地域の輪は広がってきた。花の時期と合わせて「ひまわり祭り」が開催され、県内外から大勢の人が訪れる。

　もともと観賞用としてヒマワリを植えたわけではなく、搾油用である。油以外にも花びらなどを材料にしたアイスクリームにもチャレンジしてきた。チャレンジは続く。2014（平成26）年には牛生産者と協力して、ヒマワリ油の搾りかすを飼料として与えたブランド牛が誕生している。ヒマワリ油の搾りかすのオレイン酸が肉をおいしくするのだという。「オリーブ牛」に続く「ひまわり牛」の誕生である。

小豆島のオリーブ　＊春

　小豆島は瀬戸内海に浮かぶ周囲126キロ、東西29キロ、南北15キロ、総面積153平方キロメートルの島である。島内で盛んに栽培されているオリーブは、小豆島のシンボルであるばかりでなく、香川県の県花・県木であり、また、県章のモチーフにもされている。オリーブは乳白色の小さく可憐な花をつける。一面に咲く花の世界は、近づいて十分に堪能したい。オリーブは、モクセイやヒイラギなどと同じモクセイ科の常緑樹であり、起源は小アジアとされている。日本には安土桃山時代にポルトガル人の宣教師がオリーブオイルを持ち込んだ。当時、ポルトガルの油が訛ってホルトの油と呼ばれたという。日本へのオリーブの伝来は、幕末期に将軍の侍医となった蘭方医・林洞海の意見により、フランスから苗木を輸入して植えられたのが最初とされている。

　小豆島にオリーブが伝わったのは1908（明治41）年のことである。農商務省が三重、香川、鹿児島の3県を指定してアメリカから輸入した苗木で試作を始めたなかで、小豆島だけが栽培に成功した。以後、試験研究が続

けられ、農家での栽培も進み、小豆島を中心に香川県、岡山県、広島県などにも広がった。17（大正6）年に香川県より試験用に配布されたオリーブの原木は小豆島・西村の地に残る。59（昭和34）年のオリーブ製品の輸入自由化は国内生産に大打撃を与えたが、平成に入り、健康食品への関心の高まりやイタリア料理の流行など食生活の変化によってオリーブ製品が再び注目を集めるようになり、91（平成3）年あたりから国内の収穫量は増加傾向へと転じてきている。

オリーブの品種は、世界で1,600以上あるとされているが、小豆島では、ミッション、マンザニロ、ネバディロ・ブランコ、ルッカの4種が主に栽培されている。オリーブは一般に蜜を持たないとされ、多量の花粉を風により飛散させて受粉する。同じ品種の花粉では実がなりくい性質もオリーブの大きな特徴である。

有明浜の海浜植物　＊春・夏・秋、瀬戸内海国立公園

有明浜は香川県の最西端・観音寺市内にある。財田川河口から有明富士とも呼ばれる江浦草山（九十九山）に至る瀬戸内海に面した約2キロの砂浜で、1969（昭和44）年には市の天然記念物に指定されている。財田川は香川県で最大の流域面積を有している。

春から秋にかけて、ハマエンドウ、ハマナデシコ、ハマボウフウ、ハマヒルガオ、ハマウツボ、ハマニガナ、ナミキソウ、タイトゴメ、ハマゴウ、ウンランなどが次々と花を咲かせる。瀬戸内海の他の地域ではあまり見られないハマニガナ、ナミキソウをはじめ、希少な海浜植物の生育地としてきわめて貴重な場所となっている。

有明浜は前述の琴弾公園一帯と合わせて瀬戸内海国立公園に指定されている。瀬戸内海国立公園は1934（昭和9）年に指定された日本で最初の国立公園であるが、この辺りは当初から指定されていたわけではない。56（同31）年に行われた公園区域の第3次拡張に際して、国立公園の興味地点の一つとして、白砂青松の美しい風景が評価されて、津田の松原（香川県さぬき市）などと共に編入されたのである。

公園 / 庭園

栗林公園

地域の特色

　香川県は、四国の北東部に位置し、瀬戸内海に突き出した讃岐半島と小豆島や塩飽諸島の島々からなる。面積は大阪府に次いで小さいが、平野が多く、人口密度は高い。岡山県と本州四国連絡橋の瀬戸中央自動車道（瀬戸大橋）と JR 本四備讃線でつながり、高松は四国の玄関口となっている。南の徳島県境には竜王山を最高峰とする壮年期の山岳が東西に走り、小河川が高松平野、丸亀平野、三豊平野などを経て、瀬戸内海へと流れ、これらの平野を総称して讃岐平野と呼ぶ。讃岐平野には山容が特徴的な独立峰がたたずんでいるが、火山の浸食地形である。

　典型的な瀬戸内式気候で降雨量が少なく、大河川もないため、古代に巨大な貯水池満濃池がつくられたように、水不足に苦しめられ、ため池数は兵庫県、広島県に次いで多い。1974（昭和 49）年、徳島県吉野川から讃岐山脈をトンネルで抜き、香川用水を完成し、水不足を改善した。ため池は、近年淡水魚の希少種の生息地として注目されているが、維持管理の担い手も少なくなってきている。

　古代から讃岐の国と呼ばれ、沙弥島などは柿本人麻呂の歌に詠まれ、また、讃岐は流刑の地にもなっていた。四国八十八箇所は讃岐出身の空海の足跡にちなみ、うどんも彼が中国から持ち帰ったと伝えられている。江戸時代には、主として高松藩と丸亀藩に統治されたが、新田開発が盛んに行われ、讃岐三白と呼ばれる塩・砂糖・綿の生産が財政を豊かにしていた。金毘羅（現金刀比羅）参りやお遍路が盛んに行われ、丸亀や多度津の港町が賑わい、大坂からは金毘羅船の定期便が出ていた。高松城には譜代の松平氏が入り、世界に誇る魚介類を中心とした博物図譜『衆鱗図』が制作された。讃岐出身の平賀源内も関与していたといわれる。瀬戸内海の多島海の国立公園を中心として、城郭や大名庭園などの都市公園・庭園が特徴的である。

瀬戸内海国立公園備讃瀬戸　＊史跡、名勝、天然記念物

　備讃瀬戸とは岡山県（備前）と香川県（讃岐）の間の本州と四国が最も近接する海域で、東は小豆島、西は笠岡諸島・荘内半島の海域をさす。塩飽諸島、直島諸島などの多数の島々が浮かぶ多島海である。1988（昭和63）年、車道と鉄道が通る本四架橋瀬戸大橋が開通した。この塩飽諸島の大半の島は香川県に属している。江戸時代に樽を海に流して藩境（県境）を決めたという伝説が残っているが、樽流しを提案した岡山側の人物が変化する潮の流れを読みまちがえたという物語である。本島を中心とする塩飽七島は古くから塩飽水軍の本拠地で、操船技術に優れていたことから、豊臣秀吉の手厚い保護を受け、大名に準ずる人名として領地と自治を認められ、江戸時代も続いた。本島には自治組織の勤番所が残り、笠島地区は重要伝統的建築物群保存地区になっている。フロイスやシーボルトが寄港した記録もある。塩飽の人々は船大工の技術を活かし、家や宮の塩飽大工となり、幕末に初めて渡米した咸臨丸の水夫としても活躍した。

　江戸時代までの日本人には、瀬戸内海は一つのまとまりある海域ではなく、和泉灘、播磨灘、周防灘などのいくつかの灘が連なる場であった。「瀬戸内海」の語は「The Inland Sea」の翻訳語として明治初年頃から用いられ始める。広域の内海を欧米人に教えられたのである。欧米人が内海を表す語に定冠詞をつけただけで、「セト」をつけなかったのは、当時瀬戸内海全体を表す地名がなかったことを意味している。欧米人の評価がピークに達する明治後期には、日本人の間にも新しい瀬戸内海の見方が普及していく。日本人もまた、近代的風景観を受容して、多島海、内海、海岸といった自然景観や、段々畑、港、集落といった人文景観を賞賛し始める。日本人に備讃瀬戸や芸予諸島などの瀬戸内海の新しい風景が見えてきたのである。そして、この頃日本人は世界に誇る瀬戸内海に得意となり、世界の公園だと称するようになる。このなかの一人に香川県出身の小西和がいた。彼は、1911（明治44）年、自然地理、人文地理などのさまざまな分野から瀬戸内海を論じた大著『瀬戸内海論』を著した。その巻頭に、新渡戸稲造が「瀬戸内海は世界の宝石」と賛辞の小文を寄せていた。小西は瀬戸内海を「世界

の公園」にすべきだと主張し、風景を保護しなければならないと論じていた。やがて、この考えは国立公園の誕生へと結実していく。

国 瀬戸内海国立公園小豆島寒霞渓 ＊名勝

　小豆島の寒霞渓は古い火山活動で生まれた安山岩・集塊岩が長年月の侵食により奇峰や奇岩怪石の風景となった所である。応神天皇が鉤をかけて岩山を登ったという故事から「鉤掛」「鉤懸」と伝えられ、「神懸」「神馳」などとも表されている。江戸後期に奇岩怪石の風景を愛でる中国文化が儒学者・漢学者の間で広まり、寒霞渓も名所になっていく。儒学者・書家の貫名海屋は「浣花渓」の文字を当てて嘆賞し、1878（明治11）年、漢学者の藤沢南岳が「寒霞渓」と命名する。寒霞渓を最も世間に知らしめたのは儒学者・漢学者の成島柳北であった。彼は79（明治12）年から81（明治14）年にかけて雑誌に『航薇日記』を連載し、「神馳」を絶賛する。当時、漢学者の命名や漢詩文や紀行文は新たな名所を生みだしていた。藤沢南学の寒霞渓は頼山陽の耶馬渓、安積良斎の妙義山とともに日本三大奇勝と呼ばれている。また、明治時代、寒霞渓と豪渓（岡山県）は「瀬戸内の二大奇勝」と称されていた。

　1910（明治43）年、小豆島の神懸山保勝会の招きで、太平洋画会の洋画家たちが小豆島の写生旅行を行う。翌年、その成果を画集『十人写生旅行』として出版し、さらに大阪商船などの便宜を得て瀬戸内海を旅行し、画集『瀬戸内海写生一週』を出版する。二つはともに中村不折、大下藤次郎、鹿子木孟郎、吉田博、小杉未醒らの30歳代から40歳代を中心とする12人の気鋭の画家たちであった。この明治時代末に出された二つの画集は、須磨や明石の名所絵から瀬戸内海の風景画へ大きく飛翔した点で画期的であった。名所の瀬戸内海から風景の瀬戸内海へ飛翔したのである。

　小豆島の岬の分教場を舞台にした映画『二十四の瞳』（壺井栄原作・木下惠介監督）は教え子が戦争で亡くなっていく物語であったが、小豆島の穏やかな風土がかえって戦争の影を浮き彫りにしていた。穏やかさやのどかさは瀬戸内海の真骨頂である。おそらく瀬戸内海の風景は、あたかも幼年期の原風景であるかのように、多くの日本人にほっとするふるさとにも似た親しみを与えるのではないだろうか。温和な気候、穏やかな海、静かに浮かぶ島々、白い砂浜、港の漁船、社寺の祠と境内、山腹の段々畑、軒を

接する民家、そして何よりもこれらを貫くのどかな時間、我々が現代社会の中で失ってしまった多くのものを瀬戸内海はまだ残しているのだ。

🈁 瀬戸内海国立公園直島・豊島

2016（平成28）年現在、瀬戸内海はアートツーリズムで賑わっている。直島、豊島、犬島などの備讃瀬戸の多島海に繰り広げられる現代アートはこの瀬戸内海の風景の豊かさにふと気づかせてくれる。風土とは、単なる環境ではなく、歴史性や文化性を内包している。風土は土地の豊かなおもむきをもっている。20世紀は、風土性を切り捨て、場所の記憶と物語をかき消し、壮大な都市文明を築き、いたる所を均質化してきた。直島が現代人の心をとらえてやまないのは、直島に何よりも心にしみる普通の風景と過去とのつながりがあるからであり、それを現代アートの力が見事に現前化したからではなかろうか。現代アートが、風土のもつ潜在力を引きだし、薄い平板な風景から奥行きと深みのある風景へと風景の再生をなしとげたのだ。豊島の水の豊かさにちなむ水滴をテーマにした豊島美術館は、豊島の風景や棚田の風景と共鳴している。豊島美術館は豊島の風土性をとらえた、この場にあることがふさわしい現代アートであった。直島・豊島において国立公園は一部にすぎないが、国立公園の風景は多彩に光り輝いている。風景が輝いて見えるのは人間がそう見ているからであり、国立公園とは風景と心情が共鳴する場なのだ。人間とは常に風景のなかに生きているのであり、風景と生が不可分にからみついていることからすると、風景の宝石のような輝きは人間の生そのものの輝きにほかならない。

🈁 瀬戸内海国立公園五色台・善通寺五岳山

瀬戸内海の多島海の展望地として、香川県には、屋島、五色台、紫雲出山などがある。五色は仏教が重視する特別な色で、白・青（緑）・黄・赤・黒（青）をさし、五色台には白峰・青峰・黄峰・赤峰・黒峰がある。平安時代の12世紀、西行は四国に渡り、この白峰山にある崇徳院の御陵に詣でる。その後、弘法大師の誕生の地の善通寺を訪ね、善通寺五岳山の一つ我拝師山の庵で逗留、「曇りなき山にて海の月見れば　島ぞ氷のたえまなりける」と多島海の歌を詠む。月光に輝く海面を氷ととらえ、光の反映のない島の部分を氷の絶え間だと表現する。現代の映像のような透徹した美

を描きだす。現代の我々は、この歌に、漆黒の瀬戸内海を照らす神々しいばかりの月光や、思念に沈潜し、独り修行につとめる西行の姿を想起するだろう。武士であった西行は23歳で家族を捨てて出家、その後、高野山、吉野山、熊野、大峰山で修行を積むなど、旅と修行の生涯をおくり、桜や月の美しさをたたえ、日本人の美意識をかたちづくった人であった。この歌は荘厳な月夜の風景を彷彿とさせてくれる。しかし、西行という人物は仏教の普遍的真理を生きられる世界に見ようとした人であり、それを和歌というやまとことばに表現しようとした人であった。この歌には、西行のまなざしに射抜かれた深遠な仏教の世界が広がっていたに違いない。我々もまた、西行を通して、瀬戸内海に深遠な風景を垣間見ることができる。瀬戸内海は過去の世界の追体験を可能にする歴史と文化の連続性を残している。なお、善通寺御影堂には戒壇めぐりという真黒闇の地下通路がある。

都 玉藻公園　　*史跡、名勝、重要文化財、日本の歴史公園100選

　高松市街地中心部に位置する、高松城（玉藻城）の跡地を基盤とした公園である。高松城は、讃岐の中央部に瀬戸内海に直面して築かれた近世城郭で、讃岐の枕詞である「玉藻」から玉藻城とも呼ばれていた。水陸の交通の要衝に築かれ、海水を引き込み、海を水運と防御に用いた「海城」であり、波打ち際にそびえる城郭の威容は、背後の城下町やそれをとり巻く山々と一体となって、讃岐国の象徴的な風景として知られていた。明治に入ると、この城址周辺は都市の近代化の中枢部として水陸の交通網と各種公共施設が集積し、城郭に代わる新たな都市のシンボルとなっていく。この近代都市高松の歩みのなかで、中堀、外堀の多くは埋め立てられ、波が打ち寄せていた城郭は海から隔てられて、城郭建造物の多くも取り壊された。特に城郭外側から市街化が進み、桜の馬場および西の丸跡は、周辺の都市部と連結した博覧会などのイベント会場としてしばしば利用された。

　1953（昭和28）年、臨時市議会において高松城址の買い入れに関する議案が可決されたのをうけ、高松市は54（昭和29）年に旧藩主松平家が設立した松平公益会と買収調印を行い、翌55（昭和30）年より公園として一般開放した。これは、戦災により市街地の約80％を焼失する大被害をうけた高松市の復興のシンボルとなる整備であった。公園化と同年、ほぼ同じエリアが国の史跡にも指定され、以後現存している櫓の修理や堀の浚渫、

石垣の修理等の保全整備が行われていった。この「文化財」としての見方や性格は、高松を代表する貴重な文化財の保存と活用の観点、さらに固有の歴史に根ざした豊かな都市づくりのシンボルとしての観点から、平成に入り格段に強まっている。天守の復元をめざして2006（平成18）年より始まった天守台石垣の解体修復工事や、内堀を遊覧し海城ならではの舟遊びを楽しむ和船体験など、特に本来の城郭のイメージを再生することに力点を置いたハード、ソフト両面の整備が積極的に進められ、充実してきている。

都 国営讃岐（さぬき）まんのう公園　＊国営公園

　香川県中西部のまんのう町にあるわが国最大級の灌漑用「満濃池（まんのういけ）」を望む丘陵地に位置する、四国唯一の国営公園である。満濃池とその周辺の豊かな自然と風土を生かし、基本テーマを「人間との語らい、自然・宇宙とのふれあい」として整備を行った。1984（昭和59）年に事業採択され、98（平成10）年に第一期が開園、2013（平成25）年に全面が開園した。約350haの広大な園内は、竜頭（りゅうづ）の丘、竜頭の森、竜頭の里、湖畔の森のゾーン、また自然生態園やさぬきの森、さらにオートキャンプ場などの多種多様な施設が集積している。年間を通して子どもから大人まで楽しむことができるように、いたる所がチューリップ、あじさい、ヒマワリ、コスモス、スイセンなど色とりどりの花々で彩られ、また春らんまんフェスタ、サマーフェスタ、ウィンターファンタジー、早春フェスタなど四季折々のイベントも多彩に催されている。体験教室も、里山生活体験、陶芸、ハーブ、木工、パン等々の教室と幅広く、さらにオートキャンプ場「ホッ！とステイまんのう」は日本オートキャンプ協会より五つ星認定を受けている。

都 琴弾（ことひき）公園　＊名勝、日本の歴史公園100選

　香川県観音寺市有明（ありあけ）町にある、一部瀬戸内海国立公園にも含まれる景勝地に開設された約48haの風致公園である。1897（明治30）年に県立公園として開園され、1936（昭和11）年には国の名勝に指定された。園内中央にある標高約58.6haの琴弾山山頂からは、巨大な銭型砂絵「寛永通宝（かんえいつうほう）」と、瀬戸内海を背景に約2kmにわたり広がる白砂青松の有明浜の眺望を愛でることができる。園内には琴弾八幡宮（ことひきはちまんぐう）や四国霊場第六十八番・第六十九番札所等々、名所旧跡が点在している。桜の名所として日本の桜100選に選

ばれ、また瀬戸内海に沈む夕日が、「日本の夕陽百選」にも選定されるなど、自然現象の美しさを満喫することができる公園でもある。

庭 栗林公園　　＊特別名勝、日本の都市公園 100 選、日本の歴史公園 100 選

　高松市にある栗林公園は、紫雲山の東側麓に位置していて、面積が74.8 ha と非常に広い。高松藩初代藩主の松平頼重は入国した1642（寛永19）年に、「御林」と呼ばれていたこの別荘を、しばしば訪れている。すでに1624〜44年（寛永年間）頃には、高松藩主だった生駒高俊によって、南湖一帯が造営されていたらしい。

　2代藩主頼常は1703（元禄16）年に、困窮者の救済のために池の浚渫や築山を設ける工事を行い、引き継いだ3代藩主頼豊が10（宝永7）年に完成させている。5代藩主頼恭の時期には45（延享2）年に追加工事がされて、園内の六十景の命名がされ、園の名称は「栗林荘」に改められた。

　1875（明治8）年に県立公園として一般に公開され、97（明治30）年に紫雲山の東面の国有林が、公園に編入されている。1911（明治44）年には北庭の改修が始まり、13（大正2）年に洋式庭園として完成した。88（昭和63）年に園内の市立美術館がとり壊され、発掘調査結果などを基に江戸時代の鴨引き堀が復元されている。

　栗林公園は紫雲山を背景にして、園池を中心に構成されているのだが、改修を繰り返しているだけに見どころが多い。園内は大きくは江戸時代からの南庭と、明治に造営された北庭に分かれている。南庭の中には北湖と掬月亭が建つ南湖、紫雲山の崖が見られる西湖が設けられていて、北庭には芙蓉沼と群鴨池があり、中央の橋で区切られている。南湖に臨む築山の飛来峰自体も、園路や石組が凝っていて面白いが、頂上から眺めると手前に南湖に架かる偃月橋があり、奥に掬月亭などの建物が見える絶好の場所を選んで、飛来峰を築いていることがわかる。植栽にも気配りがされていて、園池の周囲にはマツが数多くに植えられているが、大面積なことからサクラ・カエデなどを群植することもされている。回遊式庭園の良さを満喫できる庭園といえるだろう。

温泉

地域の特性

　香川県は、瀬戸内海に面して讃岐平野が広がっており、雨が少なくて水量のある河川に乏しいので、以前は灌漑用のため池が数多く分布していた。現在は香川用水が引かれており、水の不安は解消された。また、坂出と岡山県の児島半島を結ぶ瀬戸大橋が開通して交通の便がよくなり、経済や観光の発展をもたらしている。温泉地は少ないが、源平の古戦場がある屋島、高松藩主が造園した栗林公園、海運守護の金刀比羅宮、壷井栄の名作『二十四の瞳』の舞台であり、オリーブの里でもある小豆島と寒霞渓など、見所は多い。

◆旧国名：讃岐　県花：オリーブ　県鳥：ホトトギス

温泉地の特色

　県内には宿泊施設のある温泉地が36カ所あり、源泉総数は192カ所であるが、湧出量は毎分1万ℓほどで、全国41位にランクされている。源泉温度は25℃未満の冷泉が94％であるが、一部に25～42℃の温泉地もある。温泉資源に恵まれていないが、年間延べ宿泊客数は地の利を得て90万人であり、全国35位となっている。行基や弘法大師に因む塩江温泉は、国民保養温泉地に指定されて施設整備が進み、客足が伸びている。

主な温泉地

①塩江（しおのえ）
国民保養温泉地
硫黄泉、放射能泉

　県中央部、高松市南部の香東川に沿っている温泉地で、1300年ほど前の奈良時代初期に僧行基が温泉を発見したといわれている。また、この地は四国にゆかりのある弘法大師が修行をした場所でもある。一帯は大滝大川県立自然公園であり、ブナの原生林が広がっているので、森林浴や6月

の源氏ボタルの乱舞を楽しみむ客が多い。2002（平成14）年には国民保養温泉地に指定され、共同湯「行基の湯」も整備された。

交通：JR予讃線高松駅、バス1時間

②こんぴら　塩化物泉

　県中西部、讃岐平野のため池景観が広がる中に琴平山があり、その中腹に海運関係の信者が多い金刀比羅宮が鎮座している。参拝には758段もの急な階段を上ることになり、高齢者などのために駕籠かきがいて助けてくれる。社殿の展望台からは古代条里制の遺構でもある規則的に区画された水田や畑が一面に広がり、数多くのため池も残されている。

　この門前町には多くの宿泊施設があるが、その経営者の1人である近兼考休は1997（平成9）年に温泉を掘削して温泉旅館とした。また、近くの旅館にも配湯して、こんぴら温泉を名乗ることになった。こうして、2000（平成12）年から毎年1月に「こんぴら温泉まつり」を開催している。また、2007（平成19）年からは琴平町当局が町有地で温泉を採掘し、温泉を供給している。

交通：JR土讃線琴平駅

執筆者 / 出典一覧

※参考参照文献は紙面の都合上割愛
しましたので各出典をご覧ください

I 歴史の文化編

【遺　跡】　石神裕之　（京都芸術大学歴史遺産学科教授）『47都道府県・遺跡百科』(2018)

【国宝 / 重要文化財】　森本和男　（歴史家）『47都道府県・国宝 / 重要文化財百科』(2018)

【城　郭】　西ヶ谷恭弘　（日本城郭史学会代表）『47都道府県・城郭百科』(2022)

【戦国大名】　森岡浩　（姓氏研究家）『47都道府県・戦国大名百科』(2023)

【名門 / 名家】　森岡浩　（姓氏研究家）『47都道府県・名門 / 名家百科』(2020)

【博物館】　草刈清人　（ミュージアム・フリーター）・可児光生　（美濃加茂市民ミュージアム館長）・坂本昇　（伊丹市昆虫館館長）・髙田浩二　（元海の中道海洋生態科学館館長）『47都道府県・博物館百科』(2022)

【名　字】　森岡浩　（姓氏研究家）『47都道府県・名字百科』(2019)

II 食の文化編

【米 / 雑穀】　井上繁　（日本経済新聞社社友）『47都道府県・米 / 雑穀百科』(2017)

【こなもの】　成瀬宇平　（鎌倉女子大学名誉教授）『47都道府県・こなもの食文化百科』(2012)

【くだもの】　井上繁　（日本経済新聞社社友）『47都道府県・くだもの百科』(2017)

【魚　食】　成瀬宇平　（鎌倉女子大学名誉教授）『47都道府県・魚食文化百科』(2011)

【肉　食】　成瀬宇平　（鎌倉女子大学名誉教授）・横山次郎　（日本農産工業株式会社）『47都道府県・肉食文化百科』(2015)

【地　鶏】　成瀬宇平　（鎌倉女子大学名誉教授）・横山次郎　（日本農産工業株式会社）『47都道府県・地鶏百科』(2014)

【汁　物】　野﨑洋光　（元「分とく山」総料理長）・成瀬宇平　（鎌倉女子大学名誉教授）『47都道府県・汁物百科』(2015)

【伝統調味料】　成瀬宇平　（鎌倉女子大学名誉教授）『47都道府県・伝統調味料百科』(2013)

【発　酵】　北本勝ひこ　（日本薬科大学特任教授）『47都道府県・発酵文化百科』(2021)

【和菓子 / 郷土菓子】 **亀井千歩子** （日本地域文化研究所代表）『47都道府県・和菓子 / 郷土菓子百科』(2016)

【乾物 / 干物】 **星名桂治** （日本かんぶつ協会シニアアドバイザー）『47都道府県・乾物 / 干物百科』(2017)

Ⅲ　営みの文化編

【伝統行事】 **神崎宣武** （民俗学者）『47都道府県・伝統行事百科』(2012)

【寺社信仰】 **中山和久** （人間総合科学大学人間科学部教授）『47都道府県・寺社信仰百科』(2017)

【伝統工芸】 **関根由子・指田京子・佐々木千雅子** （和くらし・くらぶ）『47都道府県・伝統工芸百科』(2021)

【民　話】 **久保華誉** （武蔵野大学非常勤講師）/ 花部英雄・小堀光夫編『47都道府県・民話百科』(2019)

【妖怪伝承】 **香川雅信** （兵庫県立歴史博物館学芸課長）/ 飯倉義之・香川雅信編、常光徹・小松和彦監修『47都道府県・妖怪伝承百科』(2017) イラスト © 東雲騎人

【高校野球】 **森岡浩** （姓氏研究家）『47都道府県・高校野球百科』(2021)

【やきもの】 **神崎宣武** （民俗学者）『47都道府県・やきもの百科』(2021)

Ⅳ　風景の文化編

【地名由来】 **谷川彰英** （筑波大学名誉教授）『47都道府県・地名由来百科』(2015)

【商店街】 **正木久仁** （大阪教育大学名誉教授）/ 正木久仁・杉山伸一編著『47都道府県・商店街百科』(2019)

【花風景】 **西田正憲** （奈良県立大学名誉教授）『47都道府県・花風景百科』(2019)

【公園 / 庭園】 **西田正憲** （奈良県立大学名誉教授）・**飛田範夫** （庭園史研究家）・**井原縁** （奈良県立大学地域創造学部教授）・**黒田乃生** （筑波大学芸術系教授）『47都道府県・公園 / 庭園百科』(2017)

【温　泉】 **山村順次** （元城西国際大学観光学部教授）『47都道府県・温泉百科』(2015)

索　　引

47都道府県ご当地文化百科・香川県

令和6年10月30日　発　行

編　者　丸　善　出　版

発行者　池　田　和　博

発行所　丸善出版株式会社
〒101-0051 東京都千代田区神田神保町二丁目17番
編集：電話 (03)3512-3264／FAX (03)3512-3272
営業：電話 (03)3512-3256／FAX (03)3512-3270
https://www.maruzen-publishing.co.jp

© Maruzen Publishing Co., Ltd. 2024

組版印刷・富士美術印刷株式会社／製本・株式会社 松岳社

ISBN 978-4-621-30960-5　C 0525　　　　　Printed in Japan